상담사례개념화의
영역과 요소

CASE CONCEPTUALIZATION

• 이윤주 지음

어떻게 하면 상담을 더 잘하게 될 수 있을까?

상담사례개념화의
영역과 요소

KSi 한국학술정보㈜

내가 상담 전공으로 석사과정에 입학할 것을 결심하면서부터 박사학위를 마치고 상담을 공부하고 가르치고 실제로 해 나가면서 지금까지 변함없는 관심사가 하나 있다. 아마도 이 책을 읽으시는 모든 분의 관심사와도 일치할 것으로 본다. 그것은 '어떻게 하면 상담을 더 잘하게 될 수 있을까?' 하는 것이다. 초심 상담자로서 이 주제와 관련하여 가장 먼저 관심을 갖게 된 것은 상담 슈퍼비전이었다. 상담자 교육에 대한 관심은 석사학위논문으로 결실을 맺었다. 입학하여 석사학위를 받기까지의 6년 동안 상담실무 경력이 조금씩 쌓이면서 상담은 점점 더 익숙해졌지만 상담실무에 대해 조금씩 더 고민을 하게 되었다. 거의 쉼 없이 지속해 온 상담실무 경력이 6년이나 되어 상담교과서들에 나오는 여러 가지 기법들은 비교적 편안하고 쉽게 사용할 수 있게 되었는데 상담 사례에 대해 한눈에 파악하고 어떻게 해 나가야겠다는 구상 실력은 그다지 발전하지 않는 것 같다는 생각이 들기 시작한 것이다. 상담 공부를 계속하면서 상담 사례에 대해 체계적으로 이해하고 이 사례에 꼭 맞는 효율적이고 정확한 상담 계획을 세우는 일의 이름이 바로 '사례개념화'임을 알게 되었을 때 눈이 크게 떠지는 느낌이었다.

    사례개념화는 지속적으로 개인상담 슈퍼비전을 받기에는 돈도 시간도 턱없이 부족한 가난한 상담학도들이 자신의 사례에 대한 스스로의 탐구와 숙고를 통해 상담자로서의 향상을 가져올 수 있게 돕는다는 점에서도 내게는 큰 매력을 주었다. 사례개념화는 박사과정 동안에도 일관된 관심사였으므로 자연스럽게 박사학위논문의 주제로 사례개념화를 선택했고 사례개념화에 대한 연구를 하게 되었다. 사례개념화 연구는 박사학위논문 이후로 멈췄지만 사례개념화 연구의 결과는 상담실무를 통해 상담자로서 꾸준히 진전하게 지속적으로 나를 도와주며 내 곁에 함께 있어 왔다.

사례개념화(case conceptualization)는 내담자의 심리적 · 대인관계적 · 행동적 문제, 이 문제와 관련된 원인 및 촉발 · 유지 요인들, 내담자가 가진 강점(strengths)을 파악하고, 이에 대한 종합적 이해에 근거하여 문제해결의 방향과 전략, 기법을 계획하는 것이다. 사례개념화를 정확하고 효율적으로 하기 위해서는 이론적 지식이 축적되어야 하고 상담 목표 및 개입전략과 관련된 기술들을 습득하고 있어야 함은 물론 이러한 지식과 기술들 중에서 당면한 사례에 적절한 것을 선택하여 적용할 수 있는 전문적 능력이 필요하다. 따라서 사례개념화는 기본 상담기술 교육만으로는 충분히 학습되기 어려우며, 상담경력이 쌓일수록 점차 더 숙달되어 가는 것으로서, 상담자로서의 전(全) 발달과정을 통해 수행수준이 향상되어 가는 영역이다. 상담을 밀도 있게 진행하여 보다 단기간에 상담의 성과를 얻으려면 어떤 경력의 상담자이든 정확하고 효율적인 사례개념화를 할 필요가 있다. 이에 따라 슈퍼비전이나 사례 연구 및 발표 모임에서 사례개념화가 일상적으로 다루어지고 있으며, 많은 슈퍼비전 연구에서도 사례개념화를 슈퍼비전의 중요한 한 요소로 포함시키고 있다. 그러나 사례개념화가 이렇게 중요함에도 불구하고, 사례개념화 및 사례개념화 교

육의 구체적인 내용이 무엇인지, 상담자의 경력에 따라 학습되어야
할 가장 중요한 사례개념화 요소는 무엇인지 등에 대한 논의가 부족
한 편이며 연구 역시 충분치 못한 편이다.

  이러한 문제의식에서 출발하여 본서는 사례개념화 요소를 체계적
인 방법으로 정리하고 그 타당성을 알아보았다. 이를 위해 첫째, 전
문상담자들이 분류하고 슈퍼바이저들이 검토하는 절차에 의해 사례
개념화 요소목록을 마련하였으며, 둘째, 만들어진 요소목록을 평가의
틀로 하여 실제 사례개념화 수행능력과 상담 경력 간에 유의미한 관
계가 있는지 알아보았다. 이와 같은 연구결과는 상담 경력이 많아질
수록 상담 사례개념화 수행능력도 향상됨을 잘 보여주며 사례개념화
에 있어서 상담 경력에 따라 어떤 영역의 수행능력이 더 의미 있게
향상되는지를 구체적으로 밝혀주고 있다. 필자는 본서에서 제시되는
내용들이 우리나라의 상담자들이 자체적으로 자신의 사례개념화 능
력을 향상시켜 나가고 이를 통해 더 유능한 상담자로 발전되어 나가
는 데 도움이 되기를 기대한다.

  본서의 바탕이 되는 연구들을 지도해 주신 석박사과정 지도교수이
신 김계현 교수님께 진심으로 감사드린다. 또한 이 책이 세상에 나
와 상담자들 곁에 갈 수 있도록 필자에게 권면해 주시고 출판해 주
신 채종준 사장님께도 감사드린다. 마지막으로 바쁘고 소홀한 나를
언제나 한결같이 믿고 기대하고 사랑해 주는 나의 가족들에게 말로
표현할 수 없는 사랑과 감사를 보낸다.

2007년 11월
더불어 행복한 삶을 꿈꾸며
물빛 고을에서 이윤주

목 차

상담 사례개념화의 이해

본 장은 크게 네 개의 절로 구성된다. 첫째 절에서는 상담 사례개념화의 정의를 유사 용어의 정의와 함께 살펴보고, 사례개념화의 보다 상세한 정의를 제시하면서 어떤 기능을 하는지 밝히고자 하였다. 둘째 절에서는 사례개념화의 내용에 대한 이해와 학습이 가장 일반적으로 이루어지는 슈퍼비전에서 사례개념화가 차지하는 위상을 살펴보고자 하였다. 셋째 절에서는 상담자의 경력과 사례개념화를 관련지은 선행 연구들, 사례개념화 요소들이 나와 있는 선행 연구들을 서구 연구와 국내 연구로 나누어서 정리하여 제시하고 간략히 논의하였다. 마지막 절에서는 서구와 국내 연구에서 제안하는 사례개념화 요소들을 제시하고 이를 분석하여 그 공통점과 차이점을 제시해 보았다.

1. 사례개념화의 정의

1) 유사 용어 비교

본 절에서는 사례개념화와 유사하게 사용되는 '사례공식화', '가설

형성'을 '사례개념화'의 정의와 함께 비교·분석해 보고자 하였다. 그
러나 이러한 목적으로 선행 연구를 검토한 결과 몇몇 연구 외에는 명
료하게 개념 정의가 되어 있는 것을 발견할 수 없었다. 따라서 필자
는 각 선행 연구물의 제목에 표현된 용어별로 각 연구물의 내용 중
용어의 정의에 참고가 되는 부분을 찾아 정리하고 이에 대해 비교 및
분석하여 이에 근거해서 연구자가 내린 가정을 제시해 보았다.

'사례공식화(case formulation)'는 정신역동적 접근에서 처음 사용
한 용어로서 이후 행동수정과 일부 인지행동적 접근에서도 사용하게
되었다. 정신역동적 접근에서 사례공식화를 정의한 바를 살펴보겠다.
Perry, Cooper와 Michel(1987)에 따르면, 사례공식화는 상담 초기에
내담자의 중심문제를 파악하고 치료계획을 수립하는 것이다(김수현,
1997에서 재인용). 장재홍(1999)은 사례공식화를 치료 초기에 내담자
의 현재 문제와 그 기저에 있는 심층문제를 정의하고 그것에 맞는
치료계획을 수립하는 치료자의 활동으로 보았다. 이들의 정의를 종합
하면 사례공식화는 상담 초기에 세워지는 것으로서 내담자의 핵심적
인 문제를 파악하고 이에 기반을 두어 치료계획을 수립하는 활동을
의미한다. 행동수정에서 볼 때, 사례공식화란 내담자의 호소를 수정대
상이 되는 문제와 치료목표로 변환하는 과정을 의미한다(Nezu, Nezu,
Friedman, & Haynes, 1997). 행동수정 접근 역시 사례공식화의 핵심
요소를 핵심문제와 이에 기반을 둔 치료계획에 두고 있다는 점에서
정신역동적 접근과 유사한 정의를 내리고 있는 것으로 보인다.

'사례개념화'는 사례공식화에 비해 보다 최근에 사용되기 시작한
개념으로 보인다. Acker와 Holloway(1986)는 내담자의 심리 역동,
행동 패턴 등에 대한 이론적 이해, (단기, 장기)치료계획 수립이 사
례개념화에 포함된다고 하였으며 Berman(1996) 역시 사례개념화에

대해 직접적으로 정의하지는 않았지만 사례개념화의 목표가 내담자를 이해하기 위한 명료하고 이론적인 설명과 내담자의 문제의 원인에 대한 이론적 가정의 제공에 있으며 이러한 개념화에 근거하여 상담자는 내담자가 변화하도록 도울 치료계획을 발전시키게 된다고 밝힌 바 있다. Mayfield 등(1999)은 내담자를 개념화함에 있어 상담자는 내담자의 증상, 가족 배경 등의 다양한 정보를 취하여 내담자에 대한 모형을 세우는 방향으로 이들 정보를 조직하며 개념화 과정은 정보처리 과정과 유사하다고 하였다. 종합해 보면 '사례개념화'의 정의는 내담자의 다양한 정보를 이론적으로 종합하여 이해하는 부분과 치료 목표 및 계획 수립으로 구성된다.

'사례개념화'는 일부 연구자에 의해 내담자와 내담자의 문제에 대한 이해의 측면에 초점이 맞춰져서 정의되기도 한다. Loganbil과 Stoltenberg(1983)는 사례개념화란 상담자가 내담자의 심리내적인 역동의 인지적, 행동적, 정서적, 대인관계적 측면을 종합(synthesis)하는, 그리하여 내담자의 현재의 기능을 종합적으로 이해하게 되는 활동이라고 보았다. 상징적 비유(metaphor)를 사례개념화에 활용한 연구에서 Amundson(1988) 역시 위의 정의를 채택하고 있다. Amundson에 의하면 사례개념화는 인지적, 정서적, 대인관계적 정보를 종합하고 통합한다는 점에서 상징적 비유와 유사하다. '사례개념화'의 여러 정의는 치료 목표와 계획이 포함되는지 여부에서는 차이가 있지만 내담자와 내담자 문제의 여러 측면을 이론적, 통합적으로 이해하고 조직한다는 점을 공통적으로 포함하는 것으로 보인다. 목표 및 계획 부분에서의 차이는 필자가 추론하건대, '사례개념화'란 용어를 사용한 연구자들의 경우 사례를 정확히, 종합적으로 파악하게 되면 자동적으로 이에 뒤따라 상담 목표 및 계획이 수립되는 것으로 보고 있는 데서 연유하는 것으로 사료된다. 이렇게 본다면 자동적으로 뒤따르는 목표 및 계획 부분을 사례개념화의 정의에 포함시킬 것인가 말 것인가는 이들 연구자들에게 일차적인 관심사가 아닐 것이다.

'가설형성(hypothesis formation or formulation)'은 주로 인지적 접근의 연구에서 사용되는 것으로 보인다. Meier(1999)는 자신의 연구에서 '사례개념화'와 '가설 형성'이라는 용어를 함께 사용하면서, 내담자의 문제에 대한 초기 인상과 그 결과 만들어지는 초기 상담 계획을 가설이라고 정의하고 초기 가설이 타당한지 검증하는 과정이 필요하며 이러한 과정이 효율적일 필요가 있다고 하였다. 즉 초기에 수립한 개념화를 '가설형성'으로 보며 상담 진행과정 동안 초기에 형성한 가설을 검증하고 수정해 나가는 과정이 효과적일 때 상담의 성과가 크다고 보는 것이다. 이렇게 본다면 가설형성은 전체적인 사례개념화의 한 부분으로 자리하고 있다.

어떤 연구의 경우 사례공식화와 사례개념화를 구분 없이 사용하기도 하였다. Clark(1999)은 인지-행동 이론에 근거하여 사례개념화의 중요성에 대해 언급하면서 '사례개념화'는 초기 진단 결과, 정신병리 정도의 사정(assess), 상담에 도움이 되는 내담자의 자원(assets), 내담자 문제에 대한 공식화(formulation), 내담자의 문제에 적절한 치료 전략의 수립과 관련된다고 보았다. 그는 곧이어 '사례공식화'의 중요한 역할이 치료를 안내하는 것과 인지적 개입의 실패를 극복할 방법을 확인함에 있다고 한 Beck(1995)의 언급을 인용하고, '사례개념화'와 '공식화'의 중요성이 선행 연구들에서 확인되었다고 결론지었다.

필자는 '사례공식화'와 '사례개념화'의 정의를 비교·분석하여 정리한 바에 터하여 다음과 같은 가정을 세울 수 있었다. 첫째, '사례공식화'와 '사례개념화'는 공통적으로 치료 목표 및 계획 부분을 정의에 포함시키고 있다. 둘째 '사례공식화'의 정의에서 뚜렷이 찾아볼 수는 없었지만 '상담 초기에' 세운 공식은 상담의 전체 진행을 통해 검증되는 과정을 거칠 것으로 예상되므로 '사례공식화'와 '사례개념화'는 '가설 형성'과 '검증' 부분을 역시 공통적으로 정의에 포함하고 있는 것으로 보인다. 셋째, '사례개념화'와 '사례공식화'의 차이는 '사례공식화'의 경우 특정 이론적 접근 내부에 내담자의 주요 문제 부분을 개념화하는 요소들이 공식처럼 존재하게 되지만 '사례개념화'에서는 공식화의 주요 문제 부분이 내담자의 인지적, 정서적, 행동적, 대인관계적 측면에 대한 종합적, 이론적 이해로 제시된다는 점에 있다. 즉 '사례개념화'의 '종합적, 이론적 이해'는 어떤 이론적 접근에서 나온 어떠한 내용이라도 담을 수 있게 비어 있는 셈이다. 이렇게 볼 때 '사례공식화'는 특정이론적 접근을 채택하는 것을 전제하지만 '사례개념화'는 범이론적 접근을 전제하고 있다. 넷째, 종합적으로 보건대 '사례공식화'와 '사례개념화'는 차이점보다는 공통점이 더 많다. 두 용어는 내담자와 내담자의 문제의 중요한 부분을 파악하고 이를 근거로 치료 목표와 계획을 수립하며 상담 초기에 세워진 가설 형태의 모형은 상담이 진행되는 동안 검증 절차를 거치게 된다는 점에서 일치한다.

2) 사례개념화의 상세 정의

사례개념화가 무엇인지에 대해 정의한 선행 연구들을 살펴보면 사례개념화에는 몇 가지 논리적으로 서로 구분되는 측면이 있는 것으로 보인다. 사례개념화의 정의에서 고려해야 할 몇 가지 측면들을 세분하여 좀더 상세히 논의해 보기로 하겠다.

첫째, 사례개념화는 내담자의 심리적 역사와 호소문제에 대한 이해를 의미하는데, 상담자는 내담자를 이해하기 위해 내담자의 행동을 특정 지식의 이론적 기초와 연결시키려 하기 때문에, 사례개념화는 슈퍼비전에서 자주 주목받게 되는 영역이다(Holloway, 1995). 사례개념화는 내담자 문제의 성격과 원인에 대해 상담자가 도출해낸 이론적 설명을 포함한다. Eells(1997)는 사례개념화를 '내담자의 심리적, 대인관계적, 행동적 문제의 원인, 촉발요인(precipitant), 유지요인에 대한 핵심 가설'로 정의하였다. 즉 내담자와 관련된 정보를 토대로 상담자의 이론적 지식과 임상적 경험을 활용하여 내담자 문제의 성격과 원인에 대해 일련의 가설을 세우는 것을 말한다.

  하나의 가설로서 사례개념화는 초기 아동기 외상(trauma)과 병리적 학습 경험, 생리적 · 유전적 영향, 사회문화적 영향, 현재 작용하는 강화인, 자신과 타인에 대한 부적응적 도식(schema)과 신념 등에 기반을 둔 취약점들을 잠정적인 추론으로 포함할 수 있다. 이러한 가설의 특성은 상담자가 취한 기본적인 이론 경향에 따라 다양할 수 있다. 사례개념화에 가장 먼저 관심을 갖고 체계적으로 발전시켜 온 정신역동적 접근의 경우 문제의 원인이 되는 내적 갈등과 그 갈등과 연관되는 성장 배경과 과거경험을 연결시켜 사례를 이해하고자 한다. 인지이론에 근거한 사례개념화에서는 내담자 문제와 증상을 유발시키거나 지속시키는 내담자의 역기능적인 신념과 사고를 중심으로 내담자의 문제를 이해할 것이다(Murdock, 1991). 행동주의에서는 수정되어야 할 특수한 행동, 그 행동의 학습 역사, 행동을 둘러싼 선행 및 후속 자극을 포함한 내담자의 생활환경으로 내담자의 문제를 이해하게 될 것이다. 사례개념화를 정리하자면, 문제를 보는 견해, 역동과 역동 간의 상호작용, 주된 주제, 총괄적 개념화라고 할 수 있다.

  둘째, 사례개념화는 일회적이고 단정적인 것이 아니라 잠정적이고 연속적인 설명 혹은 추론을 뜻한다. 상담자가 세운 개념화 내용은 상담이 진행되는 과정에서 얻어지는 추가적인 정보와 판단에 따라 언제든지 수정·보완될 수 있는 것이다. 사례개념화의 목적은 상담자의 가설을 입증하는 데 있는 것이 아니라 내담자 문제를 정확히 이해하고 문제해결을 돕는 데 있기 때문이다.

Sacco와 Beck(1995)은 사례개념화란 '경제적이고 효과적인 상담으로 안내하기 위해서 내담자와 내담자의 문제에 대해 보다 경제적으로 이해해 나가는 과정'이라고 하였다(Needleman, 1999에서 재인용). 이러한 정의에는 사례개념화가 일회적인 작업이 아니라 상담의 진행과 함께 계속적으로 행해지는 과정적인 작업이라는 의미가 포함된다 하겠다.

셋째, 상담의 진행과정에서 잠정적인 추론 상태인 가설로 세워진 내용은 사례개념화의 또 다른 중요한 영역인 가설검증 과정과 맞물려 진행되면서 조금씩 완전한 모습을 갖추어 가게 된다. 즉 사례개념화는 초기에 세워진 가설을 추가의 정보 수집 과정을 통해 검토하여 정교화하거나 혹은 수정해 가면서 완성되어 가는 지속적인 작업이다. 이 과정과 관련되는 사례개념화의 한 부분이 가설 검증이다. 사례개념화는 가설 형성과 검증이 씨실과 날실처럼 얽혀서 짜이는 계속적인 개념이라 할 수 있다.

넷째, 더 넓게 이야기하자면 상담 사례개념화는 그 가설이 기초한 기술적(記述的) 정보와 가설로부터 나온 처방(處方)적 권고(recommendation)를 포함한다. 기술적(記述的) 요소는 내담자의 생활과 현재의 문제에 대한 중요한 사실들로 구성된다. 사실(facts)의 선택이 이론이나 지각(perception)의 영향을 받긴 하지만, 기술적 요소란 기본적으로 의미에 대한 해석이나 추론과는 거리가 멀다. 일반적으로 기술적 정보는 현재의 문제와 그 문제의 역사, 문제와 관련된 심리적 스트레스 요인(stressor), 상담 혹은 심리치료를 받은 경험, 개인의 발달적·사회적 역사, 의학 관련 역사, 심리검사 결과들을 포함한다. 처방적 요소는 처방 이전의 기술(記述)과 가설로부터 도출되며, 상담 목표 및 계획을 제안해야 한다. 처방적 요소는 권장할 만한 상담 유형, 상담 면담의 빈도와 기간, 상담 목표, 목표 달성의 장애 요인, 예후(prognosis), 투약이나 집단 상담 등 병행할 만한 방법에 필요한 의뢰 등을 포함한다(Eells, 1997).

본 연구에서는 앞에서 논의한 사례개념화의 여러 가지 측면인 내담자에 대한 이해, 잠정적인 추론, 가설 검증 과정과 이어지는 일련의 과정, 처방적인 부분을 포함시키는 방향으로 종합하여 사례개념화를 정의하고자 한다. 필자는 사례개념화를 '상담 초기에 시작하여 상담이 진행되는 전 과정 동안 내담자에 대해 구해진 단편적인 정보를 상담자가 나름대로 통합해서 내담자에 대한 이해와 문제해결을 위해 활용하는 것'으로 정의하고자 한다.

다음으로 사례개념화가 어떻게 상담의 성공을 촉진하는 역할을 하게 되는지를 논의해 보겠다. 첫째, 사례개념화는 내담자에 대한 복잡하고 모순된 정보들을 조직하는 데 도움을 준다. 잘된 사례개념화는 내담자의 문제를 내담자의 전체적인 내·외적 요인과 역사 등의 체계 속에서 맥락적으로 이해하게 해 주고 이러한 이해에 기반을 두어 가장 효과적인 상담 목표와 계획을 수립하도록 해 주므로 상담의 성과를 촉진하게 될 것이다. 즉 잘된 사례개념화는 치료를 이끄는 청사진으로서, 변화를 위한 기준(marker)으로서, 상담자가 내담자를 더 잘 이해할 수 있게 해 주는 구조로서 기능함으로써(Eells, 1997) 상담의 성과를 앞당기게 될 것이다. 둘째, 사례개념화를 정확하게 세우고 이를 내담자와 공유할 때, 내담자로 하여금 자신의 문제를 보다 정확히 바라보게 할 것이다. 또한 사례개념화는 자신의 문제 속에 매몰되어 해결에 대한 희망을 찾기 어렵던 내담자에게 정확한 상담 목표와 계획을 제시할 경우 내담자로 하여금 자신의 문제를 해결할 희망을 갖게 한다. 사례개념화는 이와 같이 내담자로 하여금 자신의 문제를 정확하게 보고 이를 해결할 희망을 갖게 해 주므로 상담에 대한 내담자의 동기를 높이는 역할을 하게 된다. 셋째, 내담자는 이러한 과정에서 자신의 상담자가 자신의 문제를 깊이 이해하고 있고 적절한 상담 목표와 계획을 제시하는 것에 대해 신뢰하고 상담자의 전문성을 높이 평가하게 되며 상담에서 해 나가야 할 목표와 과제들에 대해 진심으로 동의하고 기꺼이 협력하려는 동기를 갖게 될 것이다. 특히 상담 초기에 내담자의 문제를 올바르게 이해하고 이에 적합한 치료계획을 수립하여 신뢰로운 상담관계를 이루는 것은 그 이후의 상담과정에서 본격적인 치료를 효과적으로 해 나가는 데 기초가 된다(김수현, 1997). 이처럼 사례개념화는 상담의 성과에 중요한 영향을 주는 상담자-내담자의 작업동맹(working alliance)을 공고히 해 주므로 또한 상담의 성공을 촉진하게 될 것이다.

이러한 사례개념화 능력을 갖추기 위해서는 상담자 나름의 이론 체계의 정립이 필요하다. 또한 상담자는 자기 나름의 이론 체계에 터해 실제 사례를 적용해 보고 그 이론 체계의 유용성과 한계를 비판적으로 검토해 보게 된다. 또한 사례개념화에 유용한 정보를 내담자에게서 수집하기 위해서는 제반 상담기술과 정서적 알아차림 능력을 갖추고 있어야 한다. 또 자신의 가설을 근거로 그 사례에 가장 적절한 상담의 목표를 세우고 목표 달성을 위한 세부 계획을 세울 수 있어야 한다. 이렇게 본다면 사례개념화 능력은 상담자의 전문가로서의 수준을 평가할 수 있는 중요한 기준이 될 수 있다.

2. 슈퍼비전과 사례개념화

상담자 교육은 상담자가 되고자 하는 사람을 대상으로 상담자로서의 역할을 성공적으로 수행하도록 하기 위해 준비시키는 과정이다. 이러한 상담자 교육이 지향하는 목표는 상담이라고 하는 활동을 통해서 내담자가 최대의 도움을 받을 수 있도록 하기 위해 능력 있는 상담자를 양성하고 또한 그 능력을 제고시키는 것이라 할 수 있다 (박재황, 1998).

상담자 교육의 방법으로는 교육의 목표에 따라 첫째, 이론 및 지식 습득을 위한 방법으로서 강의, 스터디, 학회, 워크숍, 개인적 독서 등이 있으며 둘째, 기술 훈련 및 습득을 위한 방법으로 기술연습 위주의 교과, 슈퍼비전, 사례연구 빛 발표, 역할 연습, 비디오 학습, 개인 및 집단 상담 등이 있다.

이 중 슈퍼비전은 '숙련된 상담자가 초보 혹은 경험이 짧은 수련생인 상담자로 하여금 다양한 수단들에 의해 상담을 배우도록 하기 위해 조력하는 과정(Bartlett, 1983, Brammer & Wassmer, 1977, Littrell, Lee-Borden, & Rolenz, 1979, Worthington & Roehlke, 1979. 이윤주(1997)에서 재인용)'으로 정의될 수 있다. 슈퍼비전은 이론 및 연구와 실습을 연결짓는 교육이 되므로 상담자 수련 및 학습에서 가장 중핵이 되는 부분(김계현, 1992)이라 할 수 있다.

선행 연구에서 슈퍼비전의 요소들로 제시되는 내용 중 공통적인 부분으로는 상담기술, 사례개념화, 평가가 있는 것으로 요약해 볼 수 있다. 슈퍼비전 요소를 제안하고 있는 선행 연구들을 살펴보면 이러한 공통적인 부분들을 확인할 수 있다. 여기에서는 Stoltenberg와 Delworth(1987), 김계현(1992), Holloway(1995)를 중심으로 슈퍼비전 요소들을 살펴보기로 하겠다.

기존의 상담자 발달 이론들에서 제시한 슈퍼비전 교육 요소들을 통합적으로 정리한 '상담자 통합 발달 모델(Integrated Developmental Model)'에 의하면 다음과 같은 슈퍼비전 요소가 있다(Stoltenberg & Delworth, 1987).

개입기술 능력: 의사소통 기술
평가기술: 평가도구 사용, 접수과정 훈련
대인 평가: 내담자 관련 정보 통합, 내담자 역동 이해
내담자 개념화: 내담자 정보와 평가를 참고로 종합적 결론을 내리는 능력
개인차 이해: 성, 인종, 문화적 차이, 진단분류체계 이해
이론적 접근: 상담 이론·지식 습득 및 통합
치료목표와 계획: 장·단기적 계획
전문적 윤리: 가치 및 윤리, 책임감

한편 국내에서는 김계현(1992)이 서구의 선행 연구들을 검토(review)하여 슈퍼비전 교육 요소를 추출한 다음 국내의 상담수련생들을 대상으로 한 소사례 슈퍼비전 과정 연구를 통해 우리 실정에 맞는 슈퍼비전 혹은 상담자 교육 요소를 다음과 같이 제시하였다.

상담대화기술: 음성 언어와 비음성 언어의 이해 능력
알아차림 능력: 핵심메시지, 상담자 상태, 내담자 상태, 상호작용에 대한 자각
진단, 처치: 진단, 처치, 사례관리
상담자 전문성: 전문적 지식, 전문적 태도와 행위
평가: 수련생 평가, 슈퍼비전 평가

슈퍼비전에 관해 많은 연구를 수행한 바 있는 Holloway(1995)는 상담 슈퍼비전에서 할 일로서 다음과 같은 것을 제시하고, 이 다섯 요소를 포함하는 슈퍼비전 차원을 슈퍼비전 과제(supervision tasks)[1]라고 이름하였다.

상담기술: 의사소통 패턴, 공감, 개인화(personalization), 상담 기법
사례개념화: 내담자의 심리적 역사와 호소문제에 대한 이해를 의미한다. 내담자의 상황, 상담관계, 상담의 과정에 대한 이해를 토대로 진단·평가와 상담 계획을 구성하는 원천이 된다.
전문적 역할: 내담자를 위해 자신이 가진 지식과 자원을 적절하게 활용함, 상담에서 전문적이고 윤리적인 원칙을 견지함, 적절한 기록 관리 / 상담관련 절차 / 상담관계를 수행함, 상담 슈퍼비전에 참여함 등과 관련된다.
정서적 알아차림(emotional awareness): 상담 동안 그리고 슈퍼비전 동안 일어난 자신의 감정, 생각, 행위 등에 대한 자각을 의미한다.
자기-평가(self-evaluation): 상담자로서 자신의 능력, 효율성, 내담자의 향상 등에 대해 평가하게 된다. 윤리적 책임성과 상담자로서의 계속적 자기성장에 중요한 영역이다.

'상담자 통합 발달 모델(Integrated Developmental Model)'에서 제시한 슈퍼비전 요소 중 '대인 평가', '내담자 개념화', '치료목표와 계획', 김계현(1992)에서 '진단, 처치', Holloway(1995)에서 '사례개념화'는 사례개념화에 관한 부분을 의미한다. 이렇게 여러 연구자가 제시한 슈퍼비전 요소 안에 사례개념화 부분이 포함되어 있다는 점에서 볼 때 사례개념화는 슈퍼비전에서 중요하게 다루어지고 있는 영역이라고 할 수 있겠다.

---

1) 이 슈퍼비전 과제는 슈퍼비전 기능과 결합하여 슈퍼비전 과정상의 특징을 이루게 된다.

3. 상담 경력과 사례개념화

상담자 발달이론과 사례개념화를 관련지어 제시한 국내의 연구들로는 김계현(1992), 최해림(1995), 박재황 등(1996), 방기연(1996), 심흥섭(1998), 문수정(1999)의 연구를 들 수 있다. 이 중 최해림(1995), 박재황 등(1996)의 연구는 외국의 상담자 발달이론을 소개하는 문헌연구였다. 김계현(1992)의 연구는 서구의 대표적인 상담자 교육모델들을 소개하고 한국 상담자들을 질적 분석한 자료를 토대로 상담자 발달수준에 따른 한국적 교육모델을 재정립한 것이다. 방기연(1996)은 38명의 상담자를 대상으로 상담자의 교육과정, 경력수준, 성별, 연령별 슈퍼비전 교육 요구를 분석하였다. 심흥섭(1998)은 전문 슈퍼바이저들과의 인터뷰 자료를 토대로 상담자 발달수준질문지(KCLQ)를 제작하고, 그 타당성을 검증하였다. 문수정(1999)은 심흥섭에 의해 개발된 발달수준질문지를 사용하여 발달수준별로 상담자의 교육요구가 어떻게 다른지를 탐색하였다. 이들의 연구에서 사례개념화와 관련된 부분을 좀더 자세히 살펴보기로 하겠다.

김계현(1992) 모델은 상담자의 수준을 구분하고 있는 점, 그리고 각 단계의 상담자들이 슈퍼비전을 받을 때 보이는 특징을 경험적인 자료로 제시하고 있다는 점에서 발달모델에 포함된다고 할 수 있다(심흥섭, 1998). 그러나 이 모델에서 사용하는 '발달'의 개념은 외국 상담자 발달연구에서의 '발달' 개념과는 차이가 있다. 즉 외국의 상담자 발달이론은 심리발달이론을 상담자 교육에 적용시킨 것으로 동기, 개념체제, 자율성, 자신과 세상을 보는 관점 등을 발달의 준거로 보고 있다. 반면 김계현의 모델에서 '발달'은 개인의 심리발달과는 별도로 전문적인 상담자로서 '상담능력의 발달'을 의미한다.

김계현의 모델에서 제시한, 발달단계별로 상담자에게 필요한 교육 및 학습 내용 중 실습 준비기에 갖추어야 할 '상담의 기초학문'은 실습수련 중급기에 훈련되어야 할 내담자의 문제를 진단하고 처치계획을 수립하며 계획을 수행, 평가하는 일련의 과정, 즉 사례관리 능력으로 연결된다. 그리하여 고급기가 되면 새 내담자의 접수 및 진단을 독립적으로 수행할 수 있어야 하므로 사례개념화에 대해 어느 정도 숙달되어야 할 필요가 있게 된다. 그는 사례개념화에 대한 수련이 자기수련기에서도 여러 사례발표회에 참석하고 새로운 상담 지식을 습득하는 노력에 의해 계속되어야 한다고 보았다.

심흥섭의 연구(1998)는 한국 상담자들의 발달수준을 평가할 수 있는 척도를 제작하기 위하여 이루어졌다. 그 결과 한국의 슈퍼바이저들은 상담자 발달수준의 준거개념으로 상담대화기술, 알아차림, 사례이해, 상담계획, 인간적·윤리적 태도를 사용하는 것으로 나타났다. 또한 상담자 발달이론에서 주장하는 것처럼 국내 상담자들도 발달적 차이가 있음이 증명되었다. 특히 슈퍼바이저들이 평가한 상담자들의 발달수준별로 사례개념화를 포함한 다섯 가지 교육 영역에서 능력의 차이가 있는 것으로 밝혀졌다. 또한 연구결과 상담자가 되는 과정에서 받은 이론 교육, 상담경험, 슈퍼비전 경험 중 상담경험이 상담자의 발달수준과 가장 밀접한 상관이 있는 것으로 나타났다.

문수정(1999)은 슈퍼비전을 하나의 교수활동으로 보고 상담자들의 경력수준에 따라 교육요구의 경향성이 어떻게 다른가 알아보기 위해 상담슈퍼비전의 요구분석 질문지를 제작한 후 상담관련 정규교육을 받고 상담 경험이 있는 상담자 222명을 대상으로 요구분석을 실시하여 그 결과를 분석하였다. 상담자들은 경력수준이 높아짐에 따라 슈퍼비전의 다섯 가지 교육내용 영역과 각 영역별 하위내용들에 대해서 교육요구도는 점차 낮아지지만 교육요구의 우선순위는 대체로 유사한 경향이 있는 것으로 밝혀졌다. 즉 초보, 중간수준, 그리고 숙련 상담자 집단은 공통적으로 알아차림, 상담계획 및 사례관리, 사례이해 영역에 대한 교육요구도가 높았으며 상대적으로 인간적, 윤리적 태도와 의사소통 기술 영역에 대한 교육요구는 대체로 낮은 경향이 있었다. 사례이해 영역에서는 경력에 관계없이 중요도는 중간정도, 숙달도는 낮은 것으로 평가되었으나 교육요구는 초보와 중간수준에서는 중간 정도이다가 숙련 상담자들에게서 높아지는 특징을 보였다. 상담계획 및 사례관리 영역에서는 중요도와 숙달도가 전체적으로 낮고 교육요구는 전체적으로 높았으며, 의사소통기술 영역에서는 중요도가 높이 평가되었고 숙달도와 교육요구는 낮은 것으로 밝혀졌으며 인간적 · 윤리적 태도 영역에서는 중요도와 숙달도가 전체적으로 높으면서 교육요구는 경력에 관계없이 낮게 나타났다.

그의 연구에서 사례이해와 독립되어 '상담계획 및 사례관리'로 소속된 '치료목표의 수립과 처치계획'은 상담계획 및 사례관리에 소속된 다른 하위영역과는 달리 중요도가 높으면서도 숙달도는 낮고 슈퍼비전에서의 기대 우선순위는 높은 특성을 보이고 있다. 다시 말해서 치료목표의 수립과 처치계획 영역은 상담계획 및 사례관리의 다른 하위영역보다는 사례이해의 하위영역들과 더 유사한 교육요구도를 보이고 있다. 이는 치료목표와 처치계획은 다른 하위 요소들과는 달리 사례를 이해한 결과로 수립될 수 있는 것이므로 그 능력 역시 사례이해 능력과 연관되어 있기 때문인 것으로 생각된다. 또한, 대부분의 사례개념화 연구와 문헌들은 상담 목표 및 계획을 사례개념화의 한 부분으로 간주하여 사례개념화 영역 안에서 함께 다루고 있는데, 이러한 점도 이러한 불일치를 설명해 줄 수 있을 것이다.

　류진혜(1999)는 초심 상담자, 중간수준 상담자, 숙련 상담자 각 12 명을 대상으로 상담자 경력수준과 관계형성 기술, 인지기술, 문제해 결 기술과의 관계를 연구하였다. 연구결과, 관계형성 기술은 상담자 경력과 유의한 상관을 보이지 않았으나 인지기술과 문제해결 기술은 상담자 경력에 따라 유의미한 차이를 보여주고 있다. 특히 상담 경 력과 사례개념화 기술 5개 하위영역(문제파악, 내·외적 요인 파악, 인지·정서·행동 파악, 핵심요인들의 관계성 파악, 가설기술(記述) 의 전체적 수준)은 p <.01의 수준에서 정적 상관을 갖는 것으로 나 타났다. 이러한 결과는 상담자의 발달에 따라 사례개념화 능력도 높 아진다는 것을 보여준다.

　선행 연구 중에서 사례개념화만을 본격적으로 다룬 연구는 발견되 지 않았다. 그렇지만 선행 연구에서 제시된 결과들을 볼 때, 사례개념 화는 상담자의 발달을 평가할 수 있는 중요한 준거이면서 또한 상담 자들이 향상시켜야 할 우선순위가 높은 교육 영역이라고 볼 수 있다.

　다음으로는 서구에서 상담 경력과 사례개념화 능력의 관계에 관해 연구한 내용들을 살펴보기로 하자. 먼저 Glaser와 Chi(1988)는 경력 상담자들은 초심 상담자들에 비해, 그들의 전공 영역 내에서 ① 더 크고 의미 있는 패턴의 지식을 보유하며 ② 단·장기 기억이 우수하 며 ③ 필요한 상담기술을 보다 빨리 선택, 사용하며 ④ 사례개념화 를 발전시키는 데 보다 많은 시간을 투입하며 ⑤ 사례개념화에 있어 깊이가 있으며 ⑥ 자기관리감독(self-monitoring) 기술을 효율적으로 사용한다고 결론지었다(Mayfield, Kardash & Kivlighan, 1999에서 재인용).

　Martin 등(1989)은 초심 및 경력 상담자들에게 내담자 문제와 상 담에 대해 자유롭게 연상하도록 요청하고 다음으로 자유연상에 의해 얻어진 개념들을 개념들 간 관계에 초점을 맞추어 종이 위에 도식화하도록 하였다. 그 후 개념도에 나타난 ① 개념의 수, ② 한 개념당 링크의 평균(개념적 통합을 평가), ③ 최상위 개념군 혹은 군집의 개수(위계적 조직의 정도 평가)를 계산하였다. 연구결과, 초심 상담자들은 경력 상담자들보다 지도 위에 더 많은 개념을 그려 넣었으나 대부분의 개념들은 내담자의 기술(記述)에 의한 표면적 정보만을 담고 있었다. 경력 상담자들은 개념의 개수상으로는 초심 상담자에 비해 적으나 보다 핵심적이고 깊이 있는 심리학적 원리들을 사용하여 내담자를 기술하였다. Kivlighan과 Quigley(1991)는 경력 상담자와 초심 상담자들에게 집단상담 회기를 녹화한 비디오테이프를 보여주고 집단원 간 역동을 관찰하고 평정하도록 한 결과, 동일한 결과를 발견하였다.

개념도 작성의 방법으로 경력 상담자와 초심 상담자의 사례개념화 수행의 차이를 알아본 최근의 연구로는 Mayfield 등(1999)이 있다. 이들은 내담자에 대한 개념화는 정보처리 작업의 일환으로서, 학습자들이 새로운 사실을 그들의 지식구조 안으로 통합시키거나 새로운 사실에 동화하기 위해 자신의 지식구조를 변형하는 일과 유사하다고 보았다. 이들에 의하면 경력 상담자는 내담자가 진술한 정보를 기술하는 데 있어서 초심 상담자보다 더 적은 개수의 개념을 사용하였으며 초심 상담자에 비해 개념도 작성 속도가 유의미하게 빨랐다. 연구자들은 경력 상담자에게는 내담자 정보를 효율적으로 구조화할 수 있는 잘 발달된 도식이 있어서 초심 상담자에 비해 더 적은 개수의 군집을 보유하는 것으로 연구결과를 해석하였다.

질적인 소사례 연구를 통해 경력 상담자의 사례개념화 특성을 알아본 연구로는 Cummings 등(1990)과 Borders 등(1998)의 연구가 있다. Cummings 등(1990)은 두 명의 초심 상담자와 두 명의 숙련 상담자의 개념화를 깊이 있게 내용 분석한 결과 숙련 상담자들은 내담자를 개념화할 때 대인 간 상호작용 개념을 채택하여 내담자 문제들이 발생하는 상황 속에서 복잡한 사회적, 대인관계적 맥락을 더 많이 인식하며, 내담자의 가족배경, 대인관계, 자아존중감, 자아개념을 주요한 개념으로 보고 사례의 이해에서 반복적으로 참고하고 상담과정을 통해 지속적으로 검증하며 개념화를 정교화해 나간다는 점을 발견하였다. 또한 숙련된 상담자들은 입력되는 정보를 내담자들에 대한 그들의 이해를 돕는 효과적인 양식으로 조직하며 결과적으로 상담과정을 개념화하고 내담자 문제를 개념화하는 데 있어 더욱 발전된 도식을 갖는 것으로 나타났다.

Borders 등(1998)은 한 사람의 초심 상담자의 사고를 조사하는 단일사례 연구를 통해, 초심 상담자의 인지는 의도적 사고가 거의 없고 상담자-내담자 관계와 같은 상호작용적인 상담과정에 대한 일반적이고 전체적인 영향력을 거의 알아차리지 못함을 밝혔다. 초심 상담자들은 상담의 규칙이나 절차에 주로 관심을 가지며 이분법적인 사고를 주로 하는 것으로 나타났다. 이러한 결과에 대해 연구자들은, 초심 상담자는 상담 과정에서 옳은 수행을 하는 데에 열중하여 상담에서 자신이 사용하는 기술이 무엇인지에 몰두하게 되어, 상담을 하는 매 순간 상담자로서 어떤 역할을 하는 것이 가장 바람직할지, 자기 자신이 아닌 제대로 상담하는 상담자라면 어떻게 해야 할지를 생각하여 흉내 내는 수준에 머무르고 있는 데서 기인한다고 보았다.

Brammer(1997)는 상담자의 경력과 학력 및 훈련 수준이 내담자들에게 주는 상담자들의 질문 유형에 어떠한 영향을 미치는지 알아보고자 하였다. 그에 의하면 전문가란 특정 영역에서 문제해결의 더 나은 방법을 발견하고 숙달한 사람으로서 상담에서 얻은 정보의 개별 요소보다는 패턴을 지각함으로써 더 나은 정보를 얻는다. 그는 상담자는 전문가가 되어감에 따라 해결책에 도달하고 더 정확한 해결이 되도록 하는 데 걸리는 시간이 점차 감소한다고 가정하였다.

그는 138명의 석·박사급 상담 및 심리치료자와 상담 및 심리치료 전공자들로 하여금, 실제 진단평가 상황과 유사하게 만들어진 컴퓨터 프로그램을 사용하여 사례를 탐색하게 하였다. 연구 참여자들은 컴퓨터 프로그램을 통해 사례개념화를 위해 필요하다고 생각되는 질문을 하고 프로그램은 이에 대한 답변을 제공하였다. 각 연구 참여자들이 입력한 질문에 대한 모든 대답은, 일반 정보 포함, 일반적 정신건강, 현재의 위기와 관련된 특수한 대답으로 분류되었다. 연구결과, 경력 수준이 높은 상담자일수록 내담자의 세부적 정보에 더 주의 집중하였으며, 질문의 시작과 끝에 정보수집의 강조점을 다시 설정하였으며, 전체적으로 질문을 덜 하였으며, 진단관련 질문을 더 많이 하였다.

이러한 연구결과들을 정리하면 상담 경력이 많은 상담자는 심리학적으로 더 의미 있는 패턴의 지식 혹은 도식을 보유하고 있으며 장·단기 기억이 우수하여 짧은 시간에 내담자에 관한 다양한 정보 중에서 필요한 정보를 적절히 선택, 효율적으로 조직하여 더 깊이 있고 복잡한 관점으로 내담자와 내담자의 문제를 이해하며 이에 터해 필요한 상담 목표와 상담기술을 신속하게 선택할 수 있다. 또한 연구 결과들은 상담 사례를 효과적으로 개념화하여 내담자에 대한 깊이 있고 통합적인 정확한 가설을 설정할 수 있는 능력과 적절한 사례개념화 수행이 내담자와의 상담을 운용하는 데 긍정적인 영향을 미치며 내담자 문제해결에 있어서 중요한 변인이 될 수 있음을 보여준다. 위에서 살펴본 바와 같이, 상담 경력에 따른 사례개념화 수준의 차이에 대한 연구가 일부 나타나고는 있으나 상담 경력별로 사례개념화 수행능력에 있어서 구체적인 사례개념화 요소들에 대한 경력별 차이를 상세히 밝혀주지는 못하였다. 이러한 한계는 상술(上述)한 국내 연구에서도 역시 마찬가지로 발견되었다.

4. 사례개념화 요소 및 내용

사례개념화가 무엇인지 보다 구체적으로 살펴보기 위해 먼저 국내에서 최근 수행된 심흥섭(1998), 문수정(1999)의 연구에서 제시된 사례개념화 항목들을 살펴보겠다. 다음으로는 서구의 상담 실제와 연구에서 흔히 사용되는 사례개념화 요소들과 사례개념화에 관한 핸드북에서 제시하고 있는 종합적인 사례개념화 요소를 제시하겠다. 마지막으로 정신역동, 인지행동, 인간중심적 접근의 사례개념화 방법들로부터 사례개념화 요소를 추출하여 제시하겠다.

1) 국내 연구들에 나타난 사례개념화 요소

심흥섭(1998)은 한국의 슈퍼바이저들이 상담자의 발달수준을 평가하는 데 상담대화기술, 알아차림, 사례이해(개념화), 상담계획, 인간적·윤리적 태도의 다섯 가지 준거 영역을 사용함을 밝혔다. 또한 그의 연구를 통해, 초보 상담자, 중간수준 상담자, 숙련 상담자의 세 집단이 사례개념화 기술 수준에서 차이가 있음이 밝혀졌다. 상담자 발달수준척도상의 사례개념화 영역에 대해 심흥섭(1998)이 제시한 항목들을 살펴보면 다음과 같다.

> 내담자의 대인관계양상을 이해한다.
> 내담자의 핵심문제를 잘 파악한다.
> 내담자가 상담에서 원하는 것이 무엇인지를 잘 안다.
> 내담자의 증상을 잘 파악한다.
> 내담자의 증상이 어떻게 형성되고 유지되어 왔는지를 안다.
> 내담자의 사회적 지지체계를 안다.
> 내담자에 대한 이해가 분명하다.
> 내담자에 대한 평가가 폭넓다.
> 내담자의 장점과 약점을 있는 그대로 본다.
> 내담자에게서 나온 자료를 종합하여 내담자를 이해한다.

문수정(1999)은 상담자 경력별로 슈퍼비전에 대해 어떤 다른 교육 요구를 갖고 있는지를 밝히고자 하였다. 그의 연구에서 사용된 슈퍼비전 요구분석 질문지에서 사례개념화에 해당하는 하위영역들로 제시된 것들과 이에 대한 설명은 다음과 같다.

> 내담자의 호소문제를 파악하는 능력:
> ① 내담자가 상담에서 원하는 것이 무엇인지를 파악하고
> ② 현 시점에서 상담하게 된 동기를 아는 능력
> 내담자 문제의 평가:
> ① 내담자의 핵심문제를 파악하는 능력
> ② 문제를 지속시키는 내외적 역동을 파악하는 능력
> ③ 스트레스 요인을 파악하는 능력
> ④ 평가에 필요한 지식을 갖추고 타당성 있는 근거자료(내담자의 진술, 성장역사, 행동, 심리검사 등)를 제시할 수 있는 능력
> 문제에 대한 이론적 역동적 설명:
> ① 내담자의 문제와 역동을 이론적 틀에 근거해서 파악하고 설명할 수 있는 능력
> 내담자의 성격 또는 특성에 관한 평가:
> ① 내담자의 감정양식, 대응양식, 대인관계양식, 강점, 약점, 사회적·심리적 자원에 대해 파악하는 능력

국내 연구에서 공통적으로 나타난 요소로는 내담자 핵심문제의 파악, 내담자가 상담에서 원하는 것의 파악, 내담자에 대한 종합적 이해, 내담자 증상 및 문제의 형성, 유지 요인의 파악 등을 들 수 있다. 여기서 내담자 증상 및 문제의 형성 및 유지 요인과 내담자에 대한 종합적 이해는 내담자 문제에 대한 이론적, 역동적 설명과 표현에서는 다르나 내용상으로는 같은 요소라고 볼 수 있을 것 같다.

2) 서구의 범이론적인 사례개념화 요소

Holloway와 Wolleat(1980)이 제시한 사례개념화 요소는 이후 Kurpius 등(1985), Morran(1986), 류진혜(1999)의 연구 등에서 사례개념화 요소로 지속적으로 사용되었다. Holloway와 Wolleat(1980)이 제시한 사례개념화의 하위 영역들과 이에 대한 설명은 다음과 같다.

> 내담자의 주요 문제 파악: 내담자의 다양한 호소문제를 파악하는 능력. 높은 수준일수록 내담자의 주요 호소문제들을 하나의 핵심적인 주제를 중심으로 재배열하여 통합적으로 이해하고 설명할 수 있다.
> 내담자 문제의 주요한 내·외적 요인 파악: 내담자의 주요문제를 내담자 자신의 내적인 측면과 외적인 측면으로 구분하여 객관적으로 이해하고 설명하는 능력. 높은 수준일수록 내적 요인과 외적 요인의 상호작용으로 인해 반복적으로 나타나는 문제행동에 대해서 설명할 수 있다.
> 내담자 문제의 인지적·정서적·행동적 요인 파악: 내담자의 주요 문제를 인지적·정서적·행동적 측면의 각 영역에서 이해하고 평가하며 나아가 이를 통합적으로 설명하는 능력. 높은 수준일수록 인지적·정서적·행동적 각 영역 간의 상호작용 및 연관성을 설명하면서 내담자 문제를 통합적으로 평가할 수 있다.
> 핵심요인들 간의 상호관계성에 대한 개념화: 내담자 문제의 핵심 요인들이 상호 어떠한 영향력을 주고받고 있는지 혹은 어떤 관계를 형성하고 있는지 등에 대한 통합적인 가설을 시도하는 능력. 높은 수준일수록 각 문제 영역의 핵심요인들의 이면에 포함된 심층적인 내담자의 갈등이나 욕구를 깊이 있고 풍부하게 이해할 수 있다.
> 대인관계양식, 강점, 약점, 사회적·심리적 자원에 대해 파악하는 능력

Eells(1997)는 그의 편저인 Handbook of Psychotherapy Case Formu-
lation의 첫 장에서 이론적 접근과 관계없이 사례개념화에서 다루어
져야 할 요소들을 제시하고 있다. 그가 제시한 사례개념화 요소들을
추출하여 정리하면 다음과 같다.

내담자의 발달 단계
문제를 촉발, 강화시키는 작용을 한 과거 학습 경험
질병(의학) 관련 역사
문제에 작용하는 현재의 강화인
문제와 관련된 사회문화적 영향
문제와 관련된 생리적·유전적 영향
문제와 관련된 스트레스 요인
심리검사 결과
이전 상담 및 치료 경험
자신과 타인에 대한 도식과 신념
내담자의 강점(장점, 긍정적 특성, 성공 경험, 대처 기술, 변화 촉진 요인 등)
내담자의 약점(고민, 이슈, 문제, 증상, 기술 결핍 등)
상담 예후
상담 목표
상담 목표 달성의 장벽 요인
단기 목표
장기목표
상담 면담의 빈도와 기간
상담 유형
상담 전략
투약, 집단상담 등 병행할 만한 방법

한편 Loganbil과 Stoltenberg(1983)는 그들이 세운 사례개념화 요
소들로 상담 실제에서 활용할 수 있는 사례개념화 양식을 구성하였
다. 이들이 구성한 사례개념화 양식의 항목들은 다음과 같다.

호소문제
　① 문제를 일으킨 상황적 요인
　② 문제의 지속 기간
　③ 과거 문제력, 그 당시 환경 상황
관련 역사
대인관계 스타일
　① 타인들에 대한 태도
　② 상담자에 대한 태도
환경적 요인
　① 스트레스 요인
　② 지지 요인
성격 역동
－인지적 요인
　① 지능
　② 정신적 각성상태
　③ 부정적 인지의 지속
　④ 긍정적 인지
　⑤ 생활에서 환상의 특성과 내용
　⑥ 통찰수준
　⑦ 판단 능력
－정서적 요인
　① 핵심 정서
　② 상담 동안의 정서
　③ 적절성
　④ 표현하는 정서의 폭
　⑤ 생활에서 정서순환의 사이클
－ 행동적 요인
　① 신체화 증상들
　② 기타 증상 관련 신체적 요인들
　③ 오래 지속된 습관 혹은 관성
　④ 성(性)적 기능
　⑤ 섭식 패턴
　⑥ 수면 패턴

3) 이론별 사례개념화 요소들

정신역동적 사례개념화는 정신역동적 관점 내에서 다시 나누어지는 다양한 이론적 접근 경향에 따라 서로 구분되는 상이한 특성을 지닌다.

첫째, Core Conflict Relationship Theme(CCRT)의 방법을 살펴보겠다. CCRT는 내담자의 대인 간 관계패턴을 추출해 내는 방법이다. CCRT는 치료상황 안팎에서 한 개인에게 반복적으로 나타나는 중심되는 관계패턴을 찾아내어 이를 중심으로 일반적인 관계패턴을 추론한다. Luborsky(1997)는 정신역동적 관점에 기반을 둔 CCRT 개념화 모델에서 다음과 같은 사례개념화 요소를 제시하였다.

> 내담자의 소망과 바람
> 내담자의 자신에 대한 태도
> 내담자의 주위사람들이 내담자를 대하는 태도

둘째, 계획공식화 방법(Plan Formulation Method)은 내담자가 상담을 통해 자신의 병적인 믿음에 대한 이해를 넓히고 상담관계를 통해 이를 검증하려는 무의식적인 계획을 갖고 있다는 Weiss의 이론에서 출발하였다. 계획공식화 방법에서의 사례개념화 요소를 Curtis와 Silberschatz(1997)는 다음과 같이 정리하였다.

> 외상(trauma): 병적인 믿음이 발달되도록 이끈 사건이나 경험들.
> 장애요인(obstruction): 비합리적인 병적인 믿음
> 내담자의 목표, 계획: 내담자가 달성하고자 하는 가능한 행동, 정서, 태도, 능력 등
> 시험(test): 내담자의 상담계획, 목표에 대한 상담 회기 내의 시험
> 내담자의 통찰 내용과 정도: 내담자가 자신의 치료 목표를 달성하도록 돕는 지식.

셋째, Perry(1997)는 개별 내담자의 역동적인 갈등을 중심으로 사례를 개념화하는 방법으로서 '개별적 갈등 공식화 방법(Idiographic Conflict Formulation Method)'에 대하여 하위 요소를 다음과 같이 제시하였다. 이들 하위 요소들은 ICF 방법에서 주로 기술하는 주요 갈등 영역들이다.

바람(wish): 내담자의 인생과 정신병리에 결정적인 영향을 미친 의식적, 무의식적 바람
두려움(fear): 내담자가 피하고자 하는 부정적인 믿음과 기대, 혐오적인 경험
결과물: 바람과 두려움 간 갈등의 결과. 증상, 회피의 결과물.
스트레스원에 대한 취약성: 내담자의 갈등을 활성화시키는 구체적인 스트레스원의 특성 기술
갈등에 대한 최상의 적응수준: 내담자가 보여준 갈등에 적응하는 가장 성공적인 방법들. 현재 내담자에게 가능한 잠재적으로 유용할 수 있는 해결책의 기준을 제공하는 역할.

넷째, Configurational Analysis는 정신역동과 인지·행동 이론이 결합되어 '개인 도식 이론'이라 불리는 새로운 이론을 제시한 Horrowitz에 의해, 마음의 상태에 대하여 형태 분석을 하는 방식으로 사례개념화를 한다. Configurational Analysis에서 사용되는 사례개념화의 하위 요소들로 Horowitz와 Eells(1997)는 다음을 제시하였다.

사고, 정서, 경험, 행동의 복합으로 나타나는 마음의 상태
자신, 타인, 관계에 대한 도식(schema)
사고와 정서의 통제: 통제의 목적과 과정, 결과

인지·행동적 사례개념화는 인지적 접근과 행동적 접근으로 크게 나누어진다. 핵심 신념의 파악이 개념화의 중심 요소라는 공통점이

있지만 기타 세부 요소에서는 차이가 발견되므로 구분하여 제시하였다. 먼저 사례를 인지적인 틀에서 분석하는 사례개념화 방법을 사용하는 인지 분석 요법(Cognitive Analytic Therapy)에서 나타난 사례개념화 요소들은 다음과 같다(Ryle & Bennett, 1997).

> 심리적 과정, 행위, 환경과 그간의 관계
> 유의미 타자와의 성장 초기 상호작용 특성
> 자신에 대한 핵심적 신념
> 타인과 세상에 대한 핵심적 신념

인지적 접근에 보다 가깝기는 하나 인지적 접근과 행동적 접근이 결합되어 있는 인지행동적 접근에서의 사례개념화 방법을 정리한 Persons와 Tompkins(1997)는 다음과 같은 요소들을 제시하였다.

> 문제를 촉진·가속화하는 조건들
> 문제의 기원
> 상담 계획
> 상담의 장벽으로 예상되는 요소들
> 핵심 신념

Nezu 등(1997)이 정리한 행동요법(Behavior Therapy)의 사례개념화 방법은 행동요법의 4단계의 앞부분 3단계와 관련된다. 4단계는 ① 선별(screening)과 문제 확인(identifying), ② 문제 분석과 핵심문제 확인, ③ 치료계획, ④ 치료 성과의 평가이다. 이 중 사례개념화가 가장 직접적이고 본격적으로 이루어지는 단계는 2단계이다. 2단계는 다음과 같은 요소들을 통해 개념화된다. 개념화 결과는 도식으로 정리되며 이를 토대로 정확한 치료계획을 수립하게 된다.

심리검사 결과
문제의 발달 역사
문제의 통합적 기술(행동, 정서, 인지, 생리, 신체, 대인관계 영역 등)
스트레스 요인
내담자의 환경
상담 목표 및 세부 계획
상담 목표를 얻기 위한 탐색 방향 설정
현재의 역기능 체계

Goldman과 Greenberg(1997)는 인간중심적 – 현상학적 이론에 근거한 접근을 과정체험 요법(Process – Experiential Therapy)이라 이름하였다. 이들은 과정 체험적 접근의 사례개념화 요소로 다음과 같은 것을 제시하였다.

내담자가 문제와 관련하여 표현하는 내용, 스타일, 태도 등의 특징
내담자가 핵심문제에 대해 부여하고 있는 의미
내담자와 관련된 타인, 세상에 대해 갖는 내담자의 의미, 인상
내담자의 핵심문제의 과정
문제와 관련된 역사
상담자 – 내담자 관계
인지, 정서적 스타일

이렇게 하여 국내 · 외 선행 연구들에서 제시한 사례개념화 요소들을 살펴보았다. 이론적 접근별로 독특한 사례개념화 요소들은 내담자 동기, 소망, 공포, 핵심 신념 등과 같은 것들이 있었고 이론적 접근과 관계없이 공통적으로 나타나는 요소들로는 내담자의 핵심문제,

발달적 역사, 대인관계, 핵심문제에 대한 이론적 설명 등이 나타났다. 위에서 제시한 사례개념화 요소들과 기타 문헌에서 추출한 요소들은 본 연구에서 상담 사례개념화 요소 분류와 타당성 검토 작업을 거쳐 상담 사례개념화 요소 목록 및 평정매뉴얼로 사용되었다.

4) 종합적 분석

선행 연구에서 나타난 사례개념화 요소들을 국내 연구, 범이론적 서구 연구, 특수 이론별 서구 연구로 나누어 분석해 본 결과, 공통적으로 나타나는 사례개념화 요소, 각각 독특하게 나타나는 요소를 발견할 수 있었다. 이를 표로 정리하여 〈표 1〉에서 제시하였다.

〈표 1〉에서 보다시피, 국내 연구와 서구 연구들에서 공통적으로 강조된 사례개념화 요소로는 다양한 자료들을 종합하여 내담자와 내담자의 문제를 종합적으로 이해하는 부분과 대인관계 특징과 문제가 되는 패턴과 영역, 내담자의 스트레스 요인을 포함한 다양한 강점과 약점과 관련된 내용들이 발견되었다. 그렇지만 이론별 서구 연구에서 나타난 요소들은 특기할 만한 요소 내용에서 볼 수 있듯이 보다 구체적이고 특수한 내용들이 대부분이었다.

〈표 1〉 선행 연구에서 발견한 요소 분석

분 류	특기할 만한 요소 내용	국내 연구	서 구	
			범이론	이론별
대인관계 요인	이론별: 내담자의 주위사람들이 내담자를 대하는 태도 / 상담자 - 내담자 관계	○	○	○
강점 및 약점	이론별: 스트레스원에 대한 취약성 / 장애요인-비합리적인 병적인 믿음 / 통찰 내용과 정도	○	○	○
종합 이해	범이론: 핵심요인들 간의 상호관계성에 대한 개념화 이론별: 사고, 정서, 경험, 행동의 복합으로 나타나는 마음의 상태 / 심리적 과정, 행위, 환경과 그간의 관계	○	○	○
호소문제		○	○	
핵심문제	국내: 문제를 지속시키는 내외적 역동을 파악 범이론: 호소문제들을 하나의 핵심적인 주제를 중심으로 재배열하여 통합적으로 이해	○	○	
인지, 정서, 행동적 요인		○	○	
역사, 발달	범이론: 이전 상담 및 치료 경험 / 질병(의학) 관련 역사 이론별: 타자와의 성장 초기 상호작용 특성 / 외상 (trauma)		○	○
검사결과			○	○
환경, 상황	이론별: 문제에 작용하는 현재의 강화인, 사회문화적 영향		○	○
상담 목표, 계획	범이론: 상담 빈도·기간 / 투약, 집단상담 등 병행할 만한 방법 이론별: 상담 목표를 얻기 위한 탐색 방향 설정		○	○
증 상	국내: 증상의 형성과 유지의 역동	○		○
이론적 설명	국내: 문제와 역동을 이론적 틀에 근거해서 파악하고 설명	○		
평 가	국내: 내담자 성격 및 특성에 대한 평가	○		
상담계기		○		
상담에서 원하는 것		○		
신념, 도식				○
의 미	이론별: 내담자가 핵심문제 / 세상과 자신에 대해 갖는 의미			○
소망, 공포	이론별: 바람과 소망, 공포, 소망과 공포 간 갈등			○

국내 연구와 범이론적 서구 연구에서 공통적으로 나타난 것으로는 내담자의 호소 문제 파악, 내담자의 핵심문제 이해, 내담자의 인지·정서·행동적 요인과 관련된 내용들이 있었다. 내담자의 핵심문제, 문제 관련 내담자의 상황 및 환경과 관련된 내용은 국내 연구에서 비교적 더 자주 언급이 되었다. 증상과 관련된 요소는 국내 연구와 이론별 서구 연구에서 공통적으로 발견되었다. 범이론적 연구와 이론별 서구 연구에서 공통적으로 볼 수 있었던 요소들로는 검사 결과, 발달 및 역사 관련, 환경 및 상황적 요인과 특성, 상담 목표 및 계획과 관련된 내용들이 있었다. 이론별 연구에서 발견된 내용들은 각 이론접근에 따른 보다 특수하고 구체적인 진술 내용이 많았다는 점이 특기할 만했다.

한편, 문제에 대한 이론적 설명과 이해, 내담자 및 내담자의 특성에 대한 평가, 현시점에서 상담하게 된 계기, 내담자가 상담에서 원하는 것은 국내 연구에서만 나타났으며, 신념 및 도식, 내담자가 문제 및 내담자 자신과 세상에 대해 갖는 의미, 소망과 공포 및 소망과 공포 간의 갈등 등은 국내 연구나 범이론적 서구 연구에서는 나타나지 않은 독특한 요소로 발견되었다.

국내 연구를 서구 연구와 비교해서 서로 구별되는 점들을 분석해 보면 첫째, 내담자의 발달적 역사 부분에 대해, 서구 연구가 '내담자의 역사'라는 일반적 기술(記述)을 한 데 반해 국내 연구들은 '증상이 어떻게 형성, 유지되어 왔는지에 대한 이해'와 같이 좀더 구체적인 기술(記述)을 한 점이 주목할 만했다. 둘째, 서구 연구가 내담자의 문제를 종합적으로 이해한다는 범이론적인 강조점을 가진 데 비해 국내 연구는 내담자의 문제와 역동을 '이론적 틀'에 근거해서 파악하고 설명한다는 부분에 주목하여 '이론적 접근 경향'을 중시하는 것으로 나타났다. 이론별 연구에서는 종합적 이해 자체가 특수한 이론에 근거해서 되는 것이기 때문에 이론적 접근 경향을 중시할 필요가 없었던 것으로 보인다. 셋째, 국내 연구에서 고유하게 발견된 것 중 '내담자가 상담에서 원하는 것'이 있다. 이와 비슷한 맥락으로 서구 연구에서 발견된 것으로는 '내담자의 대처전략'이 있다. 대처전략은 원하는 바에 비해 좀더 능동적이고 행동적인 의미를 내포하고 있다고 볼 수 있겠다.

상담 사례개념화 영역 및 요소의 개발

1. 개발 절차

국내의 경우 상담 사례개념화에 대한 선행 연구가 절대적으로 부족한 상황이다. 필자는 이러한 상황에서 상담 사례개념화에 대한 연구가 활성화되기 위해서는 기초적인 연구가 먼저 수행될 필요가 있다고 판단하였다. 무엇보다도 선행 연구들에서 제시된 사례개념화 요소들에 대하여, 우리나라의 상담자와 슈퍼바이저들의 의견을 바탕으로 하여 우리의 상담 및 슈퍼비전에서 사용되는 요소들을 중심으로 분류 및 정리하여 사례개념화 요소목록이 마련된다면 사례개념화에 대한 추후 연구들에 기초 자료로 제공될 수 있을 것이다. 또한 우리나라의 상담자 및 슈퍼바이저들의 의견에 의해 마련된 요소목록이므로 상담 및 슈퍼비전 실제에서 유용하게 활용될 수 있을 것으로 기대된다.

여기에서 제시하는 상담 사례개념화 영역과 요소는 선행 연구물을 바탕으로 사례개념화 요소들을 추출하고 전문상담자들에 의하여 3단계에 걸친 분류 및 논의 작업을 진행하고 이렇게 분류, 정리된 요소목록에 대하여 전문 슈퍼바이저들이 그 내용의 타당성을 검토하는 과정을 거쳐 정리된 것이다. 이러한 절차를 일목요연하게 정리하여 상세하게 제시하자면 〈표 2〉와 같다.

〈표 2〉 상담 사례개념화 영역과 요소 정리의 절차

구 분	순 서	내 용	주체 / 결과
요소 수집 및 정리	1	선행 연구들에서 사례개념화 요소 수집	필자 / 21종에서 183개
	2	동일 혹은 명백히 유사한 요소들 간 통합 선행 연구물의 성격에 따른 분류	필자 / 116개 국내 연구, 이론접근별 서구 연구, 범이론적 서구연구로 분류
사례 개념화 요소 분류	3	예비분류: 분류곤란 요소 배제, 동일한 차원의 요소들을 유사한 것들끼리 유목으로 묶음	3인의 예비 분류자 / 요소 80개
	4	유목 및 요소 정리를 위한 논의: 통합 혹은 분리 등 수정이 필요한 요소 및 유목명 정리, 2 / 3 이상 일치하는 요소들을 선택	
	5	본 분류: 분류곤란 요소 배제, 동일한 차원의 요소들을 유사한 것들끼리 유목으로 묶음	6인의 본 분류자 / 요소 36개
	6	유목 및 요소 정리를 위한 논의: 통합 혹은 분리 등 수정이 필요한 요소 및 유목명 정리, 2 / 3 이상 일치하는 요소들을 선택	
	7	최종분류: 5, 6에서 결정된 유목별로 본 분류 결과 선정된 요소들 분류	3인의 최종 분류자 / 26개 요소, 8개 유목
	8	최종논의: 최종 분류된 결과를 수합하여 최종적으로 요소들 간의 통합 및 분리, 유목과 요소의 이름 정리, 전원 합의에 의한 결정	
타당성 검토	9	눈덩이 표집으로 전문 슈퍼바이저 선정	상담 10년, 슈퍼비전 5년 이상 경력의 전문 슈퍼바이저 5인 / 27개 요소, 8개 유목
	10	사례개념화 요소목록 타당성 검토: 이름, 소속의 적합성을 중심으로 검토	
	11	요소목록 확정	

1) 요소 수집 및 정리

사례개념화 요소를 분류하기 위해서는 먼저 First Search와 Eric (Educational Resources Information Center), 한국학술연구 정보서비스(Korea Education & Research Information Service: KERIS)를

통해 '상담 사례개념화', 'case conceptualization', 이와 유사한 검색어로서 'case formulation', 'hypothesis formulation', 'clinical hypothesis formation' 등을 사용하여 선행 연구물을 검색하여 사례개념화 요소를 추출하였고 이들 선행 연구물의 참고문헌을 조사하여 사례개념화 요소를 추가하여 나갔다. 그 결과 국내외의 사례개념화 및 슈퍼비전에 관한 21종의 선행 연구에서 183항목의 사례개념화 요소를 추출하였다.

다음으로는 추출한 요소들 중 동일하거나 명백히 유사한 것들을 합쳐서 183개의 사례개념화 요소를 116개로 축소하였다. 116개의 사례개념화 요소는 예비 분류부터 최종 분류까지의 분류 작업에 사용되었다.

2) 사례개념화 요소 분류

사례개념화 영역과 요소의 분류자는 모두 6명(남 1, 여 5)이며 참여 당시 박사과정 중인 자가 3인이었고 박사수료자가 3인이었다. 이들의 상담 경력은 연구 참여 당시 4년에서 10년이며 이들의 연령 분포는 30세에서 36세까지이다. 이들은 각각 분류작업에 2회씩 참여하였으며 이들 중 3인은 최종 논의를 통해 유목과 요소를 확정짓는 작업에도 참여하였다.

먼저 예비분류에서 3인의 분류자들은 각각 사례개념화 요소들을 유사한 것들끼리 같은 유목으로 분류하고 분류자들이 설정한 유목에 포함시키기 곤란한 요소들, 여타의 개별 요소들과 같은 수준에서 분류할 수 없는 상위 수준의 요소들을 지적하였다. 3인 중 2인 이상이 분류 곤란으로 지적한 요소들과 동일 수준으로 분류할 수 없다고 판단한 요소들은 본 분류에 사용하지 않았다.

　예비 분류가 끝난 다음에는 분류된 결과를 정리한 후 예비 분류자 3인과 또 다른 3인의 분류자에게 제시하여 10개 유목이 넘지 않는 선에서 유사한 것들끼리 분류하고 예비 분류에서와 마찬가지로 동일 수준으로 분류할 수 없는 요소와 어느 유목에도 속하기 어려운 요소들을 따로 분리해 줄 것을 요청하였다. 예비 분류와는 달리 본 분류작업에서 분류 곤란 혹은 상위요소로 분류자의 2/3 이상이 공통적으로 지적한 요소는 나타나지 않았다. 분류작업이 종료된 후 각각의 유목에 대해 이름을 붙여줄 것을 요청하였다. 분류작업 결과를 정리하여 각각의 분류자에게 다시 제시하여 서로 통합할 수 있는 유목들을 통일하거나 새로운 유목으로 분리할 필요가 있는 유목을 지적하게 하여 2/3 이상 공통된 의견을 채택하여 유목을 정리하였다. 또 같은 유목에 속한 사례개념화 요소들 중 통합하거나 분리할 필요가 있는 요소들을 지적하게 하여 2/3 이상 공통적으로 지적한 부분을 정리하였다. 정리된 결과 각각의 유목에 속한 요소들이 분류자들에게서 분류된 빈도를 살펴서 분류자 6인 중 2/3 이상에 의해 같은 유목으로 분류된 것들은 채택하되 그 이하의 빈도로 분류된 것들은 폐기하였다.

　마지막으로 이들 6인 중 보다 상위의 학력과 상담 경력을 가진 박사과정 수료자 3인이 최종 분류와 논의에 다시 참여하였다. 이들은 본 분류와 논의 과정에서 정리된 요소를 본 분류에서 정해진 유목별로 분류하는 작업을 하였다. 그런 다음 이들은 함께 모여 분류 결과를 정리한 자료를 놓고 최종 정리와 요소목록 확정을 위해 논의하였다. 이러한 과정에서 서로 통합할 수 있는 요소들을 통합하였고 하위 유목명도 재검토하였다. 논의 결과에서 만장일치에 의해 지적된 요소들만을 최종적으로 요소목록에 포함되는 요소로 확정지었다.

3) 타당성 검토

분류자들에 의해 일단 분류된 사례개념화 요소 목록을 최종적으로 검토하여 그 타당성을 확인하는 작업에는 다수의 슈퍼바이저가 참여하기보다는 소수라 하더라도 상담 및 슈퍼비전 경험이 풍부하면서 전문적인 슈퍼바이저로서 그 대표성이 인정되는 이들이 참여하는 것이 가장 적절할 것으로 생각되었다. 따라서 사례개념화 목록을 타당화하고 그 적합성을 검증하는 작업에는 경력이 많은 슈퍼바이저들 사이에서 전문 슈퍼바이저로 인정되는 사람들을 참여시키기로 하였다.

분류작업을 통해 정리된 사례개념화 요소 목록을 수정, 보완하여 타당화하는 작업에 참여한 슈퍼바이저는 상담심리전문가(한국 심리학회 인증)이면서 상담 경력 10년, 슈퍼바이저로서의 경력 5년 이상의 전문 슈퍼바이저로서 작업 당시를 기준으로 한 달 전까지 슈퍼비전을 실시하였거나 혹은 당시 슈퍼비전을 실시하고 있는 이들을 조건으로 하였다. 또 슈퍼바이저의 경력과 이론적 접근의 차이에 따라 슈퍼비전에서 주로 다룬다고 보고하는 사례개념화 요소들이 서로 다를 가능성이 적지 않다고 보아 절충적 접근을 표명하는 슈퍼바이저로 제한하여 타당성 검증작업에 참여하게 하였다. 이러한 전문 슈퍼바이저는 눈덩이 표집(snowball sampling) 방법에 의해 선정되었다.

눈덩이 표집의 절차 첫 번째로는 상담심리전문가이면서 상담 경력 10년 이상, 슈퍼비전 경력 5년 이상의 전문 슈퍼바이저들 중 필자가 이미 알고 있는 3명을 선정하여 이와 같은 조건의 슈퍼바이저 중 가장 전문적인 슈퍼바이저로 추천할 만한 사람을 3사람씩 거명해 줄 것을 요청하였다. 추천된 사람 중 기존에 추천된 슈퍼바이저와 중복되지 않은 슈퍼바이저에게 마찬가지로 3사람을 추천해 줄 것을 요청하는 과정을 반복하였다. 새로이 추천된 슈퍼바이저 중 2/3 이상이 기존의 명단에 이미 존재하는 사람일 때 표집을 종료하였다. 표집은 3차로 종료되었으며 명단에 있는 슈퍼바이저들은 최대 8명에서 최소 1명의 다른 슈퍼바이저로부터 추천을 받았다. 표집종료 후, 표집종료 시점까지의 명단 중에서 다른 슈퍼바이저들로부터 가장 많은 추천을 받은 상위 6인을 확인하였다. 상위 6인은 최대 8명에서 최소 3명의 다른 슈퍼바이저들로부터 추천받은 것으로 나타났다. 이들 중 개인적인 사정으로 타당성 검증작업에 참여하기를 거절한 경우를 제외한 5인을 최종적으로 선정하였다. 이들 5명은 모두 여자로서 연구 참여 당시 연령 평균은 52세였다. 연구 참여 당시 이들은 상담 경력 평균이 22.6년, 슈퍼바이저로서의 경력 평균이 11.8년으로서 상당히 높은 수준의 경력자들이었다.

　필자는 사례개념화 요소목록의 분류 과정을 정리한 내용과 요소목록 및 그 설명을 각 전문 슈퍼바이저에게 제시하여 분류된 내용의 수정·보완에 대한 조언을 듣고 기록하였다. 조언을 요청한 사항은 첫째, 각 유목 내 사례개념화 요소들이 적절하게 소속되어 있는지 여부, 둘째, 유목에 대해 통합하거나 수정, 추가할 부분이 있는지 여부, 셋째, 각 사례개념화 요소의 이름이 요소에 대한 설명에 비추어 적절한지 여부와 적절치 않은 경우 그 대안, 넷째, 각 요소들 중 통합하거나 수정, 새로 추가할 부분이 있는지 여부 등이었다. 이를 정리하는 과정에서 5인 중 4인 이상이 동일하게 지적한 부분을 반영하여 사례개념화 요소목록을 최종적으로 확정하였다.

2. 분류 결과

1) 선행 연구 종류별 사례개념화 요소

필자에 의해 선행 연구물에서 추출된 사례개념화 요소들은 총 183개이다. 필자가 이들 요소 중에서 동일하거나 명백히 유사한 요소들을 통합한 결과 116개의 요소로 정리되었다. 21종의 선행 연구는 특수한 이론접근에 근거한 연구 13개, 여타의 서구 연구 5개, 국내 연구 3개로 구성되었다. 필자가 살펴본 선행 연구물의 개수는 21종보다 많으나 여러 개의 연구가 하나의 선행 연구에서 제시된 사례개념화 요소를 공통적으로 참고한 경우 그 연구들이 참고한 선행 연구물을 찾아서 사례개념화 요소를 추출하는 방식을 취하였으므로 21종으로 집계되었다.

이들 요소를 국내 연구에서 수집한 요소(A)와 특수한 이론 접근에 기반을 두어 진행된 서구 연구에서 수집한 요소(B), 범이론적인 서구 연구에서 수집한 요소(C)로 구분하여 제시하면 〈표 3〉과 같다. 정리 과정에서 다른 종류의 연구에서 공통적으로 발견된 것은 '중복'이란 항목으로 따로 제시하였다.

〈표 3〉 선행 연구에서 수집한 요소 목록

연구 구분	사례개념화 요소(가나다순)
중복 (AB, BC, AC, ABC)	사례(문제)에 대한 이론적 설명(AB) 주요 스트레스원(AB) 문제의 기원(BC) 문제의 통합적 기술(행동, 정서, 인지, 생리, 신체, 대인관계 영역 등)(BC) 상담 목표(BC) 내담자의 강점(장점, 긍정적 특성, 성공 경험, 대처기술, 변화촉진요인 등)(AC) 내담자의 대인 관계 양상(AC) 내담자의 약점(고민, 이슈, 문제, 증상, 기술 결핍, 향상의 장애 요소 등)(AC) 내담자의 특성(감정 양식, 대응 양식, 대인 관계 양식 등)(AC) 핵심문제를 지속시키는 내·외적 요인과 그 근거(AC) 내담자의 핵심문제(ABC)
국내 연구 (A)	내담자 증상의 역사와 유지 과정 내담자에 대한 이해 내담자에 대한 평가와 그 근거 내담자에게서 나온 자료의 종합 내담자의 사회적 지지체계 내담자의 상담에 대한 기대와 바람 내담자의 증상 목표 행동과 그 근거 주 호소문제 핵심문제와 그 근거 핵심문제의 원인과 그 근거 현시점에서 상담하게 된 동기, 계기

A: 국내 연구에서 수집한 요소
B: 특수한 이론 접근에 기반을 두어 진행된 서구 연구에서 수집한 요소
C: 특수한 이론을 표방하지 않은 범이론적인 서구 연구에서 수집한 요소

연구 구분	사례개념화 요소(가나다순)
특수 이론 접근 기반 연구 (B) 1/2	갈등에 대한 최상의 적응 정도 개념화의 근거가 되는 내담자의 지각 정보 개념화의 근거가 되는 실제 정보 내담자 계획 간의 갈등 내담자 자신에 대한 자신의 행동, 반응 내담자 자신에 대한 타인들의 행동, 반응 내담자 자신의 행동, 반응 내담자가 문제에 대해 갖는 태도, 관점 내담자가 문제와 관련하여 표현하는 내용, 스타일, 태도 등의 특징 내담자가 주로 사용하는 방어기제 내담자가 핵심문제에 대해 부여하고 있는 의미 내담자에 대한 상담자의 행동, 반응 내담자와 관련된 타인, 세상에 대해 갖는 내담자의 의미, 인상 내담자와 타인과의 인간관계 내담자의 계획과 관련된 정서 내담자의 계획에 대한 장벽 요소 내담자의 공포, 두려움 내담자의 구체적 문제들 내담자의 문제와 계획구조의 관계 내담자의 발달적 역사 내담자의 상담 목표, 계획 내담자의 상담계획, 목표에 대한 상담 회기 내의 시험(test) 내담자의 소망과 바람 내담자의 의도, 바람, 목표 등을 포함하는 계획 내담자의 자신에 대한 태도 내담자의 자아개념 내담자의 주요 동기 내담자의 주위사람들이 내담자를 대하는 태도 내담자의 통찰 내용과 정도 내담자의 핵심문제의 과정 내담자의 핵심문제와 관련된 증상 내담자의 현재 생활 여건(거주 환경, 여가 활동, 재정, 직업, 결혼 상황 등) 대인관계 문제 영역 확인 대인관계 정보의 관계, 구조 대인관계 평가 대처 계획

연구 구분	사례개념화 요소(가나다순)
특수 이론 접근 기반 연구 (B) 2/2	동기 사이에서 가장 빈번히 발생하는 갈등 문제 정의 문제 행동 변화를 위한 과제의 상세 분석과 수립 문제를 촉진, 가속화하는 조건들 문제와 관련된 역사 문제의 발달 역사 문제의 패턴 문제의 핵심 역동, 문제의 기저에서 작용하는 과정 문제의 현재의 특징 부적응적 관계 패턴 사고, 정서, 경험, 행동의 복합으로 나타나는 마음의 상태 사고와 정서의 통제 수단으로서의 방어기제 상담자－내담자 관계 상담 계획 상담 방향과 계획 상담 전략 상담 목표를 얻기 위한 탐색 방향 설정 상담의 장벽으로 예상되는 요소들 스트레스원에 대한 취약성 심리적 과정, 행위, 환경과 그간의 관계 외상(trauma) 유의미 타자와의 성장 초기 상호작용 특성 인지, 정서적 스타일 자신, 타인, 관계에 대한 도식(schema) 자신에 대한 핵심적 신념 주요한 긍정적 상황과 강점 진단 초기 상담 계획 수립 타인의 행동, 반응에 대한 예상 통제의 목표와 그 결과 피하고 싶어 하는 결과 핵심 신념 현재의 기대 현재의 역기능 체계

연구 구분	사례개념화 요소(가나다순)
범이론 서구 연구 (C)	내담자의 대처 전략 내담자의 발달 단계 단기 목표 문제를 촉발, 강화시키는 작용을 한 과거 학습 경험 문제에 작용하는 현재의 강화인 문제와 관련된 사회문화적 영향 문제와 관련된 생리적, 유전적 영향 문제와 관련된 스트레스원 문제와 관련된 요인들 간의 상호관계성 상담 면담의 빈도와 기간 상담 목표 달성의 장벽 요인 상담 예후 상담 유형 심리검사 결과 이전 상담 및 치료 경험 자신과 타인에 대한 도식과 신념 장기목표 질병(의학) 관련 역사 투약, 집단상담 등 병행할 만한 방법 표현하는 정서의 폭과 적절성 생활에서 정서순환의 사이클 기타 증상관련 신체적 요인들 수면, 섭식 패턴 및 성적 기능

〈표 3〉에서 보다시피, 특수한 이론적 접근에 기반을 둔 사례개념화 요소의 개수가 압도적으로 많으며 그중에서도 정신역동적 접근에서 제시한 사례개념화 요소가 가장 많이 눈에 띈다. 이는 출처인 선행 연구의 개수와도 관련이 있지만 정신역동적 접근이 가장 다양한 분파를 가지고 있으며 각 분파별로 고유한 사례개념화 방식을 취하고 있고 서로 다른 사례개념화 방식에 따라 각각의 사례개념화 요소들도 다양하다는 점에서 이해될 수 있을 것이다.

세 종류의 선행 연구에서 공통적으로 제시하고 있는 요소로는 '내담자의 핵심문제'가 있었다. 이러한 결과는 선행 연구들은 공통적으로 내담자의 핵심적인 문제를 개념화하는 것을 사례개념화의 핵심적인 부분으로 보고 있다는 추론을 가능하게 한다. 문제를 종합적으로 이해하는 부분과 관련된 요소로는 서구 연구에서 제시된 '문제의 통합적 기술(행동, 정서, 인지, 생리, 신체, 대인관계 영역 등)'과 국내 연구와 서구의 범이론적 연구에서 공통적으로 제시된 '핵심문제를 지속시키는 내·외적 요인과 그 근거'가 발견되었다.

2) 분류 및 논의

116개의 요소에 대해 예비 분류와 논의를 거쳐 80개의 요소가 결정되었다. 예비분류에서 유목의 개수는 6개에서 11개로 다양했으나 논의과정에서 9개로 정리되었다. 논의 과정에서 각 분류자마다 인지적 특성, 정서적 특성, 신체생리적 특성, 신체행동적 특성 등으로 분류한 것이 '문제와 관련된 내담자의 개인적 요인'이란 이름의 유목으로 통일되었다.

전문 상담자 6인에 의한 본격적인 분류와 논의 과정을 거쳐 80개의 요소는 36개로 줄어들었으며 유목의 개수는 본 분류작업 후의 논의에서의 의견 수합 후 8개가 되었으며 유목의 개수와 이름은 이후 최종 논의에서도 변경되지 않았다.(부록2 참조) 다음으로 박사 수료 이상의 3인에 의해 최종 분류와 논의를 거쳐 최종적으로 사례개념화 요소목록에 포함된 사례개념화 요소는 26개였으며 유목은 8개였다.

3) 전문 슈퍼바이저에 의한 타당성 검토

이 목록은 슈퍼비전 전문가들에 의해 타당성을 검토받아 확정되었다. 전문 슈퍼바이저들은 유목별로 포함된 요소들이 소속이 적절하며 일부 요소들과 유목을 제외하고는 대부분의 사례개념화 요소의 이름이 요소에 대한 설명에 비추어 적절하다고 평가하였다. 타당성 검토 과정에서 전문 슈퍼바이저의 의견에 따라 수정된 사항을 수정 전과 후로 나누어 그 이유와 함께 〈표 4〉로 제시하였다.

〈표 4〉 타당성 검토 과정의 수정 사항

구분	수정 전	수정 후	수정 이유
요소		지금 상담에 오게 된 계기(추가)	상담에서 주요하게 우선 다루어야 할 문제를 상담 초기에 파악하기 위해 필요
	내담자의 구체적 문제들	내담자의 구체적 호소들	문제들은 내담자의 증상 및 핵심문제와 혼동을 일으킬 수 있으며 상담자가 파악한 문제와는 별도로 내담자의 호소문제를 파악해야 할 필요
	내담자의 핵심문제	내담자의 핵심문제 및 정서	상담 성과를 위해서는 내담자가 핵심적으로 경험하는 정서가 핵심문제 자체만큼 중요하게 다루어질 필요
	내담자의 대처전략 및 계획	내담자의 대처전략	계획이 전략이란 말 안에 포함될 수 있으므로 생략
	상담 목표 달성의 장벽으로 예상되는 요소들	상담 목표 달성에 장애로 예상되는 요소들	어려움을 줄 것으로 예상되는 요소들이란 의미로는 장벽보다는 장애가 더 적절
유목	문제 및 관련 증상	현재 문제 및 관련 증상	문제에는 시점이 포함되어 있지 않아서 역사 부분과 섞일 수 있으므로 '현재'란 시점이 표현되는 것이 적절

타당성 검토 결과로는 첫째, '지금 상담에 오게 된 계기'가 새로운 요소로 추가되었다. 둘째, 그 외에 '내담자의 구체적 문제들'은 '구체적 호소들'로, '내담자의 핵심문제'는 '내담자의 핵심문제 및 정서'로, '내담자의 대처전략 및 계획'은 '내담자의 대처전략'으로, '상담 목표 달성의 장벽으로 예상되는 요소들'은 '상담 목표 달성의 장애로 예상되는 요소들'로 그 이름이 수정되었다. 셋째, 하위 유목 중에서 '문제 및 관련 증상'은 '현재 문제 및 관련 증상'으로 그 이름이 수정되었다.

4) 요소목록에 포함된 요소의 선행 연구 특성별 비율

필자는 선행 연구를 검토하여 수집한 사례개념화 요소들 중 사례개념화 요소목록에 포함된 요소들과 배제된 요소들의 특징을 살펴보기 위해, 분류작업에 들어가기 전에 선행 연구들에서 수집한 요소들을 필자가 유사한 것끼리 통합한 116개의 요소를 국내 연구에서 수집한 요소, 특수한 이론 접근에 기반을 둔 연구에서 수집한 요소, 이론접근을 표방하지 않은 기타 서구 연구에서 수집한 요소로 나누어 예비 분류와 본 분류 결과 사례개념화 요소목록에 포함된 비율을 계산하였다. 그 결과는 〈표 5〉와 같다. 예비 분류 결과 선택된 요소의 합이 80개보다 많은 83개인 것은 분류자들이 보다 상위 요소로서 유목명에 해당한다고 지적한 3개를 포함하여 계산하였기 때문이다. 본 분류에서 선택된 요소의 합이 36개보다 많은 것은 본 분류 후 분류자들 간의 논의 과정에서 상당히 많은 요소들이 통합되었기 때문이다.

〈표 5〉 선행 연구 종류별 요소목록 포함비율

	국내 연구	이론별 서구연구	범이론 서구연구	중복	계
총 개수	12	70	23	11	116
예비분류결과	11	42	21	9	83
비율(%)	92	60	91	82	
총 개수	10	41	21	8	80
본분류결과	10	32	19	8	69
비율(%)	100	78	91	100	

비율=선택된 개수÷총 개수

〈표 5〉에서 보듯이 예비분류과정을 거치면서 국내 연구에서 추출한 요소가 분류과정에서 가장 높은 비율로 선택되었으며 특수한 이론접근별 연구에서 추출한 요소가 가장 낮은 비율로 선택되었다. 본 분류과정을 거치면서는 국내 연구에서 수집한 요소와 여러 가지 연구에서 중복 제시된 요소는 100% 포함되었으며 역시 특수한 이론접근별 연구에서 수집한 요소가 가장 낮은 비율로 포함되었다. 그러나 절대적인 개수상으로는 이론적 접근에서 추출한 요소가 가장 많이 선택되었다. 이론적 접근에서 선택된 요소들의 경우에도 폐기되지 않고 선택된 요소들로는 핵심문제, 증상, 이론적 설명, 통찰 등과 상담 목표 혹은 전략에 관련된 요소들이 있었다. 이러한 요소들은 특수한 이론적 접근에 기반을 둔 상담에서만 개념화 요소로 사용되는 것들이라기보다는 대부분의 상담 및 슈퍼비전에서 사례개념화로 널리 다루어지고 있는 요소들이라고 볼 수 있다. 이러한 요소들이 선택되었다는 것은 다양한 이론적 배경에서 공통적으로 사례개념화 요소로 제시한 범이론적 성격의 요소들이 우리나라의 상담자 및 슈퍼

바이저들이 상담 및 슈퍼비전에서 주로 사용하는 것들이라는 점을 의미한다.

이러한 결과는 첫째, 우리나라의 상담 및 슈퍼비전에서 사용되는 요소들이 대체로 특별한 이론적 배경에서 나온 특수한 사례개념화 요소보다는 이론적 접근에 관계없이 공통적으로 사용될 수 있는 범이론적인 요소들이 주종을 이루고 있음을 의미한다 하겠다. 둘째, 이러한 결과로 보건대, 국내 연구들이 우리나라의 상담자 및 슈퍼바이저들이 상담 및 슈퍼비전에서 사용하고 있는 사례개념화 요소들을 비교적 정확하게 반영하고 있음을 의미한다고도 볼 수 있을 것이다. 혹은 우리나라의 상담자 및 슈퍼바이저들이 서구 연구에서 제시된 사례개념화 요소보다는 국내 연구에서 제시된 사례개념화 요소들을 상담 및 슈퍼비전에서 더 중요하게 사용하고 있음을 의미한다고 볼 수도 있다.

5) 최종 개발된 사례개념화 목록의 유목 및 요소

분류작업과 타당성 검토를 거쳐 최종 확정된 사례개념화 요소목록은 8개 유목, 총 27개 사례개념화 요소로 구성되었다. 이를 유목과 유목별 요소로 정리하여 〈표 6〉에서 제시하였다. 유목은 '내담자의 현재 문제, 상태 및 관련 증상', '문제와 관련된 역사적 배경', '문제와 관련된 내담자의 개인적 요인', '문제와 관련된 내담자의 외적 요인', '내담자의 대인관계 특성', '내담자의 자원 및 취약성', '문제와 내담자에 대한 종합적 이해', '상담 목표 및 계획'의 8개로 구성되었다. 유목별 사례개념화 요소의 개수는 유목에 따라 2개에서 최대 6개의 요소가 포함되었다.

〈표 6〉 사례개념화 요소 및 유목

유목명	사례개념화 요소
내담자 현재 문제 및 관련 증상	지금 상담에 오게 된 계기 구체적 호소들 증 상 핵심문제 및 핵심 정서 객관적 정보
문제와 관련된 역사적 배경	발달적 역사 문제의 기원 과거 문제력 및 당시 환경상황
문제와 관련된 내담자의 개인적 요인	자아개념 통찰 내용과 수준 인지적 스타일 및 특징 정서적 스타일 및 특징 신체 · 생리 · 행동적 특징 원함(wants)
문제 관련 내담자의 외적(상황)요인	문제와 관련된 현재 생활 여건 문제를 지속시키는 상황적 요인
내담자의 대인관계 특성	대인관계 양상 대인관계 문제 영역
내담자의 자원 및 취약성	긍정적 상황과 강점 내담자의 대처 전략 부정적 상황과 약점
문제와 내담자에 대한 종합적 이해	핵심문제에 대한 이론적 설명 내담자와 관련된 요인들에 대한 종합적 이해 및 평가
상담 목표 및 계획	최종목표(장기목표) 과정 목표(단기 목표) 상담 전략 상담 목표 달성의 장애로 예상되는 요소들

'현재 문제 및 관련 증상' 유목에는 내담자가 다른 시점이 아닌 바로 '지금 상담에 오게 된 계기'와 내담자가 호소하는 구체적 문제와 호소 증상, 상담자가 파악한 내담자의 문제에서 파생된 증상들, 심리검사 결과와 학점, 결혼 여부 등의 '객관적 정보'를 비롯하여 여러 가지 문제 중 핵심적인 문제와 핵심문제에 관련된 핵심 정서가 포함되었다. 이 유목은 다른 하위 유목들과 비교해 볼 때, 분류 작업에서 배제되었다가 전문 슈퍼바이저의 의견에 의해 다시 포함된 요소('지금 상담에 오게 된 계기')와 내담자의 피상적이고 단편적인 문제와 증상, 사례개념화에서 가장 중요하게 파악해야 할 필요가 있다고 지적되는 '핵심문제 및 정서' 등 가장 다양한 요소들이 하나의 유목으로 묶인 것이 특징적이었다. '핵심문제 및 정서'는 분류 및 논의 과정동안, 선행 연구에서 제시된 요소들끼리의 통합이 가장 많았던 요소(11개가 합해졌음)이면서 국내 연구, 이론접근에 기초한 연구, 범이론적 서구 연구에서 공통적으로 제시하고 있는 요소라는 특징을 갖는다.

'문제 관련 역사적 배경' 유목에는 내담자 및 내담자의 문제와 관련된 '발달적 역사', 내담자의 문제가 시작된 시점과 원인 및 그 영향에 관련된 '문제의 기원', 문제와 관련된 과거 역사 중 발달적 역사에서 포함되지 않는 교우관계, 학교생활과 관련된 '과거 문제력 및 당시 환경상황'이 포함되었다.

'문제와 관련된 내담자의 개인적 요인' 유목은 분류와 논의 과정에서 여러 개의 유목들이 하나로 통합되었다는 특징을 가지며 통합 결과 가장 많은 수의 요소를 포함하게 되었다는 특징이 있다. 분류자들이 '인지적 특징', '정서적 특징', '신체, 행동적 특징' 등으로 분류하고 명명한 유목들이 논의 과정에서 하나의 유목으로 통합된 바 있는 이 유목에는 내담자의 자신에 대해 어떠어떠한 사람이라고 보는 '자아개념', 내담자가 문제와 자신, 자신의 환경에 대해 가지는 '통찰 내용 및 수준', 내담자의 '인지적 스타일 및 특징', '정서적 스타일 및 특징', '신체 · 생리 · 행동적 특징', 내담자가 상담 및 변화에 대해 갖는 바람과 해결방향 등을 의미하는 '원함(wants)'이 포함되었다. 이 중 내담자의 '원함'은 해결중심 접근에서 나온 용어인데, 분류자들은 분류 과정에서 특수한 이론접근에 기반을 둔 연구들에서 제시한 '내담자의 상담 목표, 계획', '내담자의 소망과 바람', '내담자의 의도, 바람, 목표 등을 포함한 계획' 등을 분류 곤란 요소로 지적하여 배제하였으나 국내 연구에서 제시된 '내담자의 상담에 대한 기대와 바람'을 내담자의 '원함'이란 요소명으로 수정하여 목록에 포함시켰다.

'문제관련 내담자의 외적(상황적) 요인' 유목에는 거주환경, 재정, 직업, 결혼생활 등 '문제와 관련된 현재의 생활여건'과 그중 특별히 내담자의 '문제를 지속시키는 역할을 하는 상황 요인'이 포함되었다. 문제와 관련된 외적 요인들에 대한 요소는 비교적 적은 편이었으나 분류 및 논의에서 별로 배제되지 않고 '문제를 촉진, 가속화하는 조건들'과 '문제에 작용하는 현재의 강화인'이 통합되어 '문제를 지속시키는 상황적 요인'이란 이름으로 이 유목에 소속되었다.

'내담자의 대인관계 특성' 유목에는 상담자를 포함한 타인들과의 관계 패턴을 의미하는 '대인관계 양상'과 문제와 관련되거나 혹은 현재 문제가 되는 '대인관계 문제 영역'이 포함되었다. 이 유목에 포함된 요소들은 다른 유목에 포함된 요소들과는 달리 대인관계상담이론에 근거한 연구에서 제시한 요소들이라는 특징을 지닌다. 이는 우리나라의 상담자 및 슈퍼바이저들이 내담자의 대인관계 측면을 사례개념화에서 중요하게 고려한다는 의미가 되겠다.

'내담자의 자원 및 취약성' 유목에는 상담에서 유리하게 활용될 수 있는 내담자의 '긍정적 상황 및 강점', 상담에서 고려해야 할 내담자의 '부정적 상황 및 약점'과 내담자가 문제 및 그 해결에 대해 갖는 '대처전략'이 포함되었다. 연구자가 수집한 요소들 중 스트레스 및 스트레스원과 관련된 요소들은 이 중에서 '부정적 상황과 약점'으로 통합되었다.

'내담자와 문제에 대한 종합적 이해' 유목에는 상담자가 자신의 이론적 배경에 근거해서 문제의 원인과 과정을 포함하여 문제 전체에 대해 종합적으로 설명해 내는 것을 의미하는 '핵심문제에 대한 이론적 설명'과 문제를 촉발·강화시키는 요인 및 조건들의 관련성을 설명하거나 종합적으로 이해하는 것과 관련된 '내담자와 문제에 대한 종합적 이해 및 평가'가 포함되었다. 전문 슈퍼바이저들을 대상으로 한 요소목록의 타당성 검토 과정에서 대부분의 전문 슈퍼바이저들에 의해 사례개념화 요소목록 중 가장 중요한 요소들이 포함된 유목이라는 평가를 받은 바 있었다.

마지막으로 '상담 목표 및 계획' 유목에는 상담의 종결시점 혹은 그 이후를 시점으로 하는 '최종 목표(장기목표)', 상담 진행 중에 도달하게 될 목표를 의미하는 '과정 목표(단기 목표)', 목표를 달성하기 위해 상담자가 가져야 할 세부적인 상담 계획과 전략, 상담 방향과 방법에 대한 구상 등을 포함하는 '상담 전략', 상담자가 상담 진행 과정에서 주의하고 고려해야 할 '상담 목표 달성에 장애로 예상되는 요소들'이 포함되었다.

선행 연구들에서 수집한 사례개념화 요소 중 사례개념화 요소목록으로 포함된 요소들은 국내 연구에서 제시한 것이거나 서구 연구에서 제시된 것인 경우에도 모든 이론적 접근에서 공통적으로 사용되는 요소이거나 특별한 이론접근을 표방하지 않은 연구물에서 수집한 요소들이 주종을 이루었다. 따라서 우리나라의 전문 상담자 및 전문 슈퍼바이저들이 분류하고 타당화한 본 연구의 사례개념화 요소목록은 특별한 이론에서 국한되어 사용되는 요소가 아닌 범이론적인 요소들로 주로 구성되었다고 말할 수 있다.

상기 연구를 통해 마련된 요소 목록에는 8개의 유목 가운데에 '상담 목표 및 계획'이란 유목이 포함되었다. 대부분의 선행 연구에서 사례개념화 요소로 나타난 것들은 내담자 및 사례에 대한 이해와 관련된 것들로서 상담 목표와 계획 및 전략에 관한 요소들이 포함된 연구가 드물었다. 이렇게 볼 때 본 연구를 통해 마련된 사례개념화 요소목록은 사례개념화에 대한 보다 폭넓고 종합적인 내용을 포함하였다고 말할 수 있을 것이다.

본 연구를 통해 정리된 사례개념화 요소 목록은 이후 우리나라의 상담수련생들과 일선 상담자들이 자신의 상담 사례를 효율적으로 개념화하고 자신의 상담 사례개념화 능력을 향상시키기 위한 학습을 하는 데 유용한 자료가 되어 줄 것이다. 즉 상담자와 상담수련생들은 사례를 보다 종합적으로 개념화할 수 있는 틀로 이 목록을 활용할 수 있을 것이다. 상담자는 자신이 담당한 각 사례에 대한 개념화 과정에서 부족한 부분을 확인하여 추가정보 수집을 하여 개념화를 보다 종합적으로 정확하게 할 수 있는 틀로 활용될 수 있을 것이다. 또한 상담자와 상담수련생들은 사례를 개념화하는 과정에서 자신의 사례개념화 능력의 강점과 약점을 진단하는 틀로 이 목록을 활용할 수 있을 것이다.

예를 들어 한 상담자가 본 연구결과 제시된 사례개념화 요소목록을 틀로 하여 자신이 운영하고 있는 상담 사례들을 개념화하면서 개념화되지 않거나 불충분한 부분에 대해서는 추후의 상담 회기를 통해 추가로 정보를 수집하여 보다 완전하고 종합적인 사례개념화를 해 나갈 수 있다. 이러한 과정은 상담자로 하여금 내담자를 보다 정확히 이해하여 보다 나은 상담 성과를 가져올 수 있는 출발점이 될 것이다. 또한 이러한 개념화를 여러 사례에 대해 해 보아 공통적으로 부족한 요소와 유목이 발견된다면 이러한 부분은 그 상담자의 개념화 수행능력상 부족한 점 혹은 단점으로 진단할 수 있을 것이다. 상담자는 이러한 진단을 토대로 하여 자신의 개념화 능력을 향상시키기 위해 특별히 어떠한 부분에 더 집중해야 할지를 확인할 수 있을 것이다.

또한 사례개념화 요소목록은 슈퍼바이저를 비롯한 상담교육자들에게도 유용하게 이용될 수 있을 것으로 기대된다. 이 목록은 상담수련생들의 사례개념화 능력수준을 평가하는 준거로 활용될 수 있을 것이며 사례개념화 능력의 향상을 위해 슈퍼비전을 비롯한 교육 상황에서 다루어질 수 있을 것이다. 슈퍼바이저는 수련생이 가지고 온 상담 사례를 본 목록에 터해 개념화해 보게 하고 개념화한 내용에 대해 전체적으로 그 수준이 어떠한지, 각 유목과 요소별로 그 수준의 차이가 어떠한지를 기준으로 수련생의 개념화 수준을 평가해 볼 수 있을 것이다. 그런 다음 이러한 평가에 기초해서 수련생의 개념화 능력을 향상시키기 위해 특별히 어떤 부분을 집중적으로 다루어야 할지 결정하고 이에 집중적인 노력을 기울일 수 있을 것이다. 또한 본 목록은 사례개념화 능력 향상을 위한 개인 및 집단 교육 모듈 및 프로그램을 구안할 때 기초 자료로 활용될 수 있을 것으로 보인다. 현재로서는 사례개념화 능력의 향상을 위한 교육 프로그램이 부재한 상황이므로 본 목록의 유목과 요소들은 사례개념화 교육의 구체적인 내용을 마련하기 위한 기초 자료로서 활용가치가 더 클 것으로 사료된다.

이상과 같은 몇 가지 의의와 함께 본 연구는 향후 더 심화된 연구를 통해 보완될 필요가 있는 부분들도 보여주었다. 향후 연구들은 본 연구에서 밝히지 못한 점들을 밝혀주는 연구가 되어야 할 것이다. 본 연구의 제한점과 이에 따른 추후 연구에 대한 제언은 다음과 같다.

첫째, 본 연구는 상담전문가 6인에 의한 2차에 걸친 분류작업과 5인의 전문 슈퍼바이저들을 대상으로 타당화를 거쳐 상담 사례개념화 요소목록을 마련하였다. 이러한 작업은 사례개념화에 관한 경험이 풍부한 전문 상담자와 전문 슈퍼바이저들이 국내 실정에 맞는 사례개념화 요소목록을 정리하여 제시했다는 의의를 지니지만 역시 소수의 의견에 의한 작업이라는 제한점을 갖게 되었다.

상담자 교육에 활용될 도구로 활용할 목적에 의해 이 목록이 마련되었지만 요소목록이 측정 도구로서 활용되기 위해서는 좀더 정교한 절차를 거쳐서 보다 정교한 목록으로 제작되어야 할 것이다. 보다 많은 상담자와 슈퍼바이저에 의해 보다 통계적으로 엄밀한 절차를 거쳐서 사례개념화 목록을 개발한다면 상담 및 슈퍼비전 실제에서 정확한 측정도구로 유용하게 활용될 수 있을 것이다.

또한 다른 연구결과에 의하면 본 연구에 의해 분류된 사례개념화 요소목록의 27개 요소들에서 일부 요소들은 상담자들과 전문 슈퍼바이저에 의해 중요도 혹은 빈도가 5점 이하로 평정되기도 하였다(Lee, Y.J., 2000). 보다 많은 수의 상담자와 슈퍼바이저들의 의견을 수렴한 결과에서 높은 평정을 받은 요소들만을 다시 간추려 보다 요소 수가 적은 사례개념화 요소목록이 만들어진다면 상담 경력이 낮은 상담자들도 보다 쉽고 유용하게 활용할 수 있는 간편한 사례개념화 목록이 될 것이다.

둘째, 위에서 밝힌 제한점과 관련되는 점으로서, 분류작업과 논의, 그리고 전문 슈퍼바이저에 의한 타당성 검토 과정을 거쳐 사례개념화 요소목록이 만들어지기는 하였지만 본 목록의 타당성에 대해서는 이후 많은 후속 연구를 통해 검증될 필요가 있다. 본 목록이 타당하다는 점이 확인되려면 보다 많은 상담자와 슈퍼바이저들이 상담 및 상담자 교육에서 본 목록상의 요소들을 사용한다는 점이 확인되어야 할 것이며 상담 경력에 따라 사례개념화 수행수준을 변별해 주는 도구로서 적절히 기능하는지를 알아보아야 할 필요가 있을 것이다. 또한 사례개념화 수준과 정적인 관계가 있는 것으로 보이는 관련 변인과의 관계를 확인하는 연구도 필요할 것이다. 추후 연구들은 보다 다양한 방식으로 본 목록의 타당성을 검토하기를 기대한다.[2]

셋째, 본 연구는 상당 수준의 전문가가 아니면 사례개념화 요소들을 지적하기 어려운 현실을 고려하여 선행 연구에서 사례개념화 요소들을 수집하여 이에 대한 정리를 하는 방식으로 진행되었다. 이와 같은 방식으로 인해 본 연구를 통해 제시된 사례개념화 요소목록이 상담 및 슈퍼비전 현장의 실제를 정확히 반영했다고 결론짓기에는 한계가 있다. 따라서 상담 현장과 연구에서 사례개념화에 대한 논의가 보다 활발해지고 이러한 과정에서 사례개념화에 대한 인식과 이해가 보다 일반화되고 넓어진다면 상담자들과 슈퍼바이저들로부터 직접 사례개념화 요소를 수집하여 새로운 사례개념화 요소목록을 개발할 수 있을 것으로 기대된다. 이와 같은 방식으로 개발된 사례개념화 요소목록이라면 우리의 상담 및 슈퍼비전 실제를 보다 정확히 반영한 것으로 보아도 좋을 것이다. 필자는 사례개념화에 관심이 있는 연구자들이 이

---

2) 본서의 후반부는 이러한 한계를 극복하고 보다 많은 상담자들에 의해 사용되는 사례개념화 요소를 알아보기 위한 목적으로 진행되었다.

러한 측면에도 관심을 갖고 연구를 계획하고 수행하기를 바란다.

 마지막으로, 본 연구를 통해 정리된 요소목록은 그 과정에서 범이론적인 사례개념화 요소들이 주로 선정되었으며 특수한 이론적 접근에서 제시된 요소들은 포함되지 않게 되었다. 그러나 실제 개별 상담자의 상담, 그리고 상담 사례에 대한 개념화는 자신이 어떠한 이론적 접근을 갖는가에 따라 적지 않은 영향을 받을 것이다. 따라서 상담자의 이론적 배경에 따라 상담 사례와 내담자의 문제에 대해 형성하는 사례개념화의 내용이 구체적으로 어떻게 다른지, 이론적 배경의 차이에도 불구하고 어떠한 부분에서 공통점을 갖는지를 밝혀주는 연구가 필요할 것으로 보인다.

사례개념화 목록의 타당성 검증: 상담 경력을 중심으로

본 장에서는 상담 사례개념화 요소 목록에 대한 타당성을 사례개념화 수행능력이라는 준거변인을 통해 알아보았다. 사례개념화 유목과 요소들의 타당성이 확인되기 위해서는 많은 상담자들이 각 유목과 요소를 자신의 사례개념화에서 사용하여야 할 것이며 또한 상담 경력별로 각 요소에 대한 사례개념화 수준의 차이가 나타나야 한다. 따라서 본 장에서는 먼저 유목과 각 요소별로 81명의 상담자 중 얼마나 많은 인원이 자신의 사례개념화에 각 유목과 요소를 사용하였는지 알아보고 비교적 상담 경력이 많은 상담자들 중 몇 명이 자신의 사례개념화에 각 유목과 요소를 사용하였는지 알아보았다. 또한 상담자들이 각자 사례개념화를 한 수준이 상담 경력과 어떠한 상관을 보이는지 알아보았다.

1. 타당화 절차

타당화의 절차는 크게 상담자들에 의한 사례개념화 작성, 1차 평정, 2차 평정, 결과분석의 네 가지 과정으로 구분된다. 전체 연구 절차를 간략히 도표로 〈표 7〉에서 제시하였다.

〈표 7〉 타당화 절차

구 분	순 서	내 용	주 체
사례개념화 작성	1	가상사례에 대한 사례개념화 서면작성: 가상 사례를 읽고 작업안내문의 지시에 따라 자유롭게 사례개념화를 하여 제시된 용지에 기록	상담자 81명
1차 평정	2	평정매뉴얼 개발: 각 요소에 대한 설명과 득점기준, 해당 진술의 예 등이 수록됨	상담전문가, 본 연구자 등
	3	평정자 훈련 및 일치도 산출: 약 20시간의 훈련 및 연습 후 연습용 사례에 대한 평정자 간 일치도 산출	본 연구자, 평정자 3명
	4	1차 평정: 사례개념화 내용에 대하여 각 요소별로 '없음', '있으나 득점기준에 미달', '득점기준에 부합'의 세 종류로 평정	평정자 3명
2차 평정	5	가상사례, 평정지침 숙지	상담전문가 1명
	6	2차(전문가) 평정: 1차 평정에서 '득점기준에 부합'으로 평정받은 요소들에 대해 진술내용에 대해 '평범', '풍부하고 전체 맥락에 부합', '풍부하고 전체 맥락에 부합하면서 전문적인 진술'의 3수준으로 평정	
결과분석	7	평정에서 득점한 인원 분석(전체81, 상위1/3에 해당되는 고경력자 29명 중)	본 연구자
	8	상담경력과 1차, 전문 평정결과 상관분석	

1) 사례개념화 작성

가상사례를 보고 상담 사례개념화를 하는 작업에 참여한 상담자는 총 81명이다. 이들은 전국의 대학교 학생생활연구소와 사회상담기관 및 사설상담소에 소속된 사람들로서 사전에 구두로 연구 참여에 대한 허락을 받았다. 전체 연구대상자 81명 중 여자는 71명(87.7%), 남자

는 10명(12.3%)이다. 참여자들의 연령 및 경력 분포를 간략히 정리
하여 〈표 8〉로 제시하였다.

〈표 8〉 연구2 대상자의 연령 · 경력 분포

연 령	빈도(%)	상담경력	빈도(%)	학 력	빈도(%)
30세 이하	28(34.6)	0~1년	35(43.2)	석사과정-석사	56(69.1)
31~35세	32(39.5)	2~5년	27(33.3)	박사과정-수료	16(19.8)
36세 이상	21(25.9)	6년 이상	19(23.5)	박사학위 소지	9(11.1)
평 균	32.6세	평 균	3.51년		

참여자 중 60명(74.1%)이 35세 이하였으며 나머지 21명은 36세
이상 51세까지 분포되었다. 평균 연령은 32.6세(표준편차 5.04)이다.
연구 참여자들의 상담 경력은 평균 3.51년(표준편차 3.58)이었다. 최
소한 반일제 이상, 한주에 3사례 이상을 지속적으로 상담한 것을 조
건으로 하여 산정하였기 때문에 참여자들 중 6명은 1-4학기 동안
상담을 경험하였지만 상담 경력이 0으로 산정되었다. 경력이 낮을수
록 인원 분포가 더 많은 것은 현실을 적절히 반영한 것으로 보인다.
참여한 사람들의 학력은 석사학위 소지자(36명, 44.4%)가 가장 많
았으며 다음으로 많은 사람들이 석사학위 이전(20명, 24.7%, 석사과
정 11명, 석사수료 9명)에 있었다. 석사 이상 박사학위 이전에 있는
사람이 14명(21.2%)으로서 박사과정 중인 사람이 12명, 박사과정을
수료한 사람이 4명이었다. 박사학위 소지자는 9명(11.1%)이었다.
참여자들은 제시된 사례개념화 작업안내문에 따라 사례개념화를
하도록 요청되었다. 참여자들이 상담 사례개념화를 하도록 하는 작
업 용지는 첫째, 참여 수락에 대한 감사 인사와 연구에 대한 개요를
담은 서신, 둘째, 상담 사례개념화에 대한 간략한 정의와 설명, 셋째,

상담 사례개념화 작업의 방법과 절차, 넷째, 상담 사례개념화 작성 양식으로 구성되었다.(부록3 참조)

참여자들은 연구 개요에 대한 간략한 설명과 참여를 수락해 준 데 대한 감사가 함께 담긴 서신을 읽고 상담 사례개념화에 대한 정의와 설명 및 작성 방법을 읽은 다음 함께 제시된 가상사례를 읽고 나서 25~30분 동안 사례개념화 작성 양식지에 자신이 세운 사례개념화 내용을 쓰도록 하였다.

가상 상담 사례는 사례개념화가 비교적 상담 초기에 세워지기 시작할 필요가 있다는 점에서, 기존에 진행된 상담 사례들 중 비교적 상담 초기 진행 내용이 상세히 보고된 사례들만을 모아 첫째, 상담실에서 흔히 접할 수 있는 성문제와 이성 문제, 진로 및 학업 문제가 골고루 포함되도록, 둘째, 사례 내에 27개의 사례개념화 요소에 해당되는 내용이 모두 포함되도록, 셋째, 내담자의 사적인 인적 사항들이 노출되지 않도록 내용을 가공하고 첨삭하였다. 본 연구는 초기 상담까지의 자료를 통해 내담자의 문제와 내담자에 대한 이해, 그리고 이를 바탕으로 상담 목표 및 계획을 세우는 사례개념화를 작성하는 데 용이하도록 가상사례를 상담신청서와 접수면접 내용을 포함하여 첫 회 상담 면접 내용으로 구성하였다. 사례개념화 작성이 끝난 다음에는 사례개념화 작성양식 뒤에 별첨으로 제시된 경력질문지에 응답해 주도록 요청되었다.

2) 1차 평정

평정 매뉴얼은 상담심리전문가 3인에 의해 대부분의 내용이 마련되었다. 이들에게 가상사례와 사례개념화 요소목록과 각 요소들에 대한 설명을 인쇄물로 제공하였다. 그런 다음, 가상사례를 이해한 후에 각 사례개념화 요소에 해당되는 내용을 진술해 달라고 요청하였다. 이들의 진술을 모아 유사한 것을 정리하여 모범답안으로 제시하였다.

득점 기준은 필자와 사례개념화 자료를 일부씩 공유하게 된 석사학위논문 연구자 2인이 5회의 논의를 거쳐서 마련하였다. 이러한 득점기준은 상담심리전문가 2인에 의해 타당성이 검증되었다.

평정 매뉴얼에는 먼저, 27개의 사례개념화 요소와 그 설명이 간략하게 정리된 한 장의 표가 제시되었고 다음으로 평정절차, 2개 요소가 중복 혹은 혼합된 경우의 평정지침, 득점을 하는 경우와 하지 않는 경우의 지침이 제시되었으며 다음으로 27개 사례개념화 요소에 대한 설명과 득점기준, 모범답안의 순으로 사례개념화 요소에 대한 평정지침이 상세하게 제시되었다. 완성된 평정 매뉴얼은 A4 13장 분량이었다.(부록4 참조)

1차 평정에 참여한 평정자는 3인으로서 2명은 상담전공 박사과정에 있었으며 1명은 박사수료자이며 성별은 3인 모두 여자이다. 이들의 연령은 30세에서 35세까지이며 이들의 상담 경력은 2~5년이다.

평정자들은 총 20시간가량의 평정훈련을 거쳤다. 이들은 평정 매뉴얼과 가상사례를 숙지하고 2~3개의 연습용 사례개념화 내용으로 함께 연습하였다. 불일치한 부분에 대해서는 평정자들과 필자가 함께 논의하여 평정 매뉴얼을 더 깊이 숙지하도록 하였다.

평정자 간 일치도는 카파지수를 사용하였다. 카파지수의 계산공식은 다음과 같다.

$$kappa = \frac{P_0 - P_c}{(1 - P_c)}$$

Po: 평정자 간 일치된 단위의 비율
Pc: 평정자 간 우연히 일치되었을 단위의 비율

.7 이상의 평정자 간 일치도가 확보된 다음 평정자들은 각각 독립적으로 사례개념화 내용에 대한 평정에 착수하였다.(평정용지는 부록5 참조) 각 평정자들은 20개 이상, 30개 미만의 자료에 대해 평정하였다. 각 피험자들의 사례개념화 작성내용은 연구대상자의 각종 특성에 의해 평정 과정에서 영향을 받지 않도록 하기 위해 타이핑하여 평정자들에게 나누어주었다. 타이핑 과정에서 원자료는 연구대상자들의 인적 사항을 없애고, 문장과 문단 나눔을 원자료대로 하되 오탈자만 첨삭하는 식으로 가공되었다.

평정자 훈련을 마칠 즈음의 마지막 연습용 자료에 대해 계산한 평정자 간 일치도는 다음과 같다.

<표 9> 평정자 간 일치도

평정자	A	B
B	0.81	
C	0.74	0.74

3) 2차 평정

1차 평정에서는 진술 내용에서 특정 사례개념화 요소에 대한 내용이 나타난 경우, 그 진술 내용이 득점기준에 미달하는 수준인지 득점기준에 부합하는 수준인지를 구분하는 평정만을 하였다. 그런데 상담자가 사례개념화한 내용에서 특정 사례개념화 요소와 관련된 내용이 없거나 관련된 진술이 발견되기는 하나 가상사례의 내용에 비추어 타당하거나 개념화한 근거를 함께 제시하지 못하여 득점기준에 미달하는 경우는 특정 사례개념화 요소를 자신의 사례개념화에 사용하였다고 평가하기 어렵다. 따라서 상담자의 사례개념화 수행수준을 평가한다고 할 때 상담자의 수행수준을 보다 면밀히 평가하려면 상담자가 자신의 사례개념화 내용에서 특정 사례개념화 요소와 관련된 진술 내용이 사례의 내용에 비추어 타당하거나 그렇게 개념화한 실질적 근거를 함께 제시한 경우로 국한하여야 할 필요가 있을 것이다. 이렇게 본다면 1차 평정은 상담자의 사례개념화 내용에서 수행수준을 평가할 특정 요소들에 대한 진술 내용이 발견되는지 여부만을 평가한 것이라고 볼 수 있다. 따라서 1차 평정만으로는 사례개념화 진술에 대한 수준 평가가 충분히 이루어지지는 못하므로, 1차 평정이 끝난 자료들 중 득점을 한 요소들에 해당되는 진술문들에 대해, 상담심리전문가로 하여금 그 수준을 3수준으로 평가하게 하였다.

전문평정자는 1인으로 상담심리전문가(한국심리학회 인증)로서 여자이며, 상담실무 경력 10년, 슈퍼비전 경력 5년, 박사학위 소지자이다. 2차 평정지침서는 사례개념화의 간략한 정의와 의미, 전문가 평정의 필요성과 중요성을 요약하여 제시하였고 마지막으로 득점기준에 부합한 사례개념화 내용을 세수준으로 평가할 수 있도록 하는 평정지침을 제시하였다.

평정의 지침이 되는 세 수준에 대한 기준은 필자와 사례개념화 자료를 일부씩 공유하게 된 석사학위논문 연구자 2인, 총 3인의 논의에 의해 마련되었으며 상담심리전문가 1인에 의해 타당성을 검증받았다. 분류기준은 득점기준에 부합할 뿐 진술된 내용의 질이 비교적 빈약한 경우는 수준1, 득점기준에 부합하면서 진술된 내용의 수준이 우수할 경우는 수준2, 진술내용의 수준이 우수할 뿐 아니라 전체 사례개념화 내용과 맥락상 일관되면서 전문적인 진술이 된 경우 수준3으로 평정하도록 되어 있다(부록7, 8 참조).

평정자 훈련을 위해 필자는 평정에 앞서 전문가에게 평정매뉴얼과 가상사례, 전문가 평정지침을 제시하고 함께 읽어 나가면서 평정에 필요한 내용들을 숙지하도록 하였다. 평정자가 평정에 필요한 지식 숙지와 이해가 되었다고 한 시점에서 필자는 각 상담자가 사례개념화한 자료와 1차 평정 결과가 이서된 전문가 평정용지를 전하여 평정을 시작하도록 하였다.

4) 결과분석

연구 참여자들이 사례개념화한 내용에 대해 1차 평정한 결과와 2차 평정 결과를 27개 각 요소별로 코딩하고 경력질문지상의 내용도 함께 입력하였다. 그런 다음 유목별 평정점수 및 사례개념화 진술문에 나타나지 않은 요소의 개수, 0점을 받은 요소의 개수, 득점을 한 요소의 개수를 각각 계산하였다. 먼저, 각 유목과 요소들에 대해 몇 명의 피험자가 사례개념화에 사용하였는지 알아보기 위해 평정에서 득점한 인원을 전체 81명과 경력 상위 1/3에 해당하는 29명으로 구분하여 계산하였다(연구문제1). 그리고 1차 평정 점수 및 전문가 평정 점수의 총점과 유목별 합계 점수들과 상담 경력 간 상관의 분석(연구문제2)에서는 Pearson의 상관계수를 채택하였다. 결과의 신뢰도를 판단하기 위한 유의도는 95% 및 99%구간으로 한정하였다.

2. 연구결과

1) 1차 평정 빈도분석

얼마나 많은 상담자가 각 유목을 자신의 사례개념화에서 사용하였는지 유목별로 비교·분석해 보았다. 전체 상담자 81명에 대해서 그리고 상담 경력이 상위 1/3(4.5년 이상)에 해당되는 29명의 고(高)경력 상담자에 대해서, 1차 평정에서 각 요소별로 득점을 한 인원수를 유목별로 합산하여 제시하고 유목별로 소속된 요소의 개수가 같지 않으므로 유목별로 소속된 요소의 수로 나누어 '요소당 평균'을 제시하였다. 또한 요소당 평균 인원수를 전체 인원으로 나눈 백분위를 함께 제시하였다. 〈표 10〉

〈표 10〉 1차 평정 시 유목별 득점인원

사례개념화 하위영역	전체 상담자 중		고경력 상담자 중	
	총인원	요소당 평균(%)	총인원	요소당 평균(%)
내담자 현재 문제, 상태 및 관련 증상	97	19.40(23.95)	45	9.00(31.03)
문제와 관련된 역사적 배경	84	28.00(34.57)	31	10.33(35.63)
문제와 관련된 내담자의 개인적 요인	92	15.33(18.93)	41	6.83(23.56)
문제와 관련된 내담자의 외(상황)적 요인	10	5.00(6.17)	7	3.50(12.07)
내담자의 대인관계 특성	103	51.50(63.58)	43	21.50(74.14)
내담자의 자원 및 취약성	52	17.33(21.40)	32	10.67(36.78)
문제와 내담자에 대한 종합적 이해	46	23.00(28.40)	26	13.00(44.83)
상담 목표 및 계획	182	45.50(56.17)	74	18.50(63.79)

총인원=81명, 고경력 상담자인원=29명
총인원=소속 요소별 득점인원의 합, 요소당 평균=총인원/소속요소의 수

전체 인원에 대한 요소당 가능한 평균 인원은 최대 81명에서 최소 0명이며 고경력 상담자에 대한 가능한 요소당 평균인원은 최대 29명에서 최소 0명이다. 전체 인원에서 각 유목별 득점인원 중 가장 낮은 득점비율을 보인 유목은 '문제와 관련된 내담자의 외(상황)적 요인'으로서 전체 인원의 6% 정도에 불과한 상담자들만이 사용한 것으로 나타났다. 가장 높은 득점비율을 나타낸 유목인 '내담자의 대인관계 특성'은 전체 인원의 약 64%에 해당하는 평균 51.5명에 의해 사용된 것으로 나타났다. 고경력 상담자 29명 중 득점인원을 살펴보면 8개 유목 모두에서 전체 상담자 중 득점인원의 비율에 비해 득점비율이 높아졌다. 그러나 '문제와 관련된 내담자의 외(상황)적 요인' 유목은 득점비율이 높아지긴 하였으나 고경력 상담자만을 대상으로 하였을 때도 다른 유목들에 비해 현저히 낮은 사용비율을 보여주었다.

많은 상담자에 의해 사례개념화에서 사용된 유목을 득점인원의 비율이 높은 순서대로 보면 전체 상담자와 고경력 상담자에서 공통적으로 '내담자의 대인관계 특성', '상담 목표 및 계획'이 1, 2위로 나타났다. 3위로 나타난 유목은 전체 상담자를 대상으로 살펴보았을 때는 '문제와 관련된 역사적 배경'이었으며 고경력 상담자만을 대상으로 살펴보았을 때는 '문제와 내담자에 대한 종합적 이해'로 나타났다.

즉 다른 부분에 대한 개념화에 비해 '문제와 관련된 내담자의 외적 요인'들에 대해서는 상당히 적은 인원의 상담자들만이 자신의 개념화에 포함시켰다. 또 사례개념화를 할 때 상담자들은 자신의 경력과 상관없이 전체적으로 내담자의 대인관계 특성이 어떠한지 이해하고 상담 목표 및 계획을 수립하는 부분을 가장 많이 다루는 것으로 나타났으며 상담 경력이 높은 상담자들이 전체 상담자에 비해 내담자의 문제와 내담자에 대해 보다 종합적으로 이해하는 부분을 자신의 사례개념화에 더 많이 포함시키는 것을 알 수 있었다.

유목별로 자신의 사례개념화에 포함시킨 상담자의 비율은 최대에서 최소까지 60% 이상의 편차를 보여주었으므로 득점인원의 차이를 보다 세부적으로 살펴보기 위해 이러한 비율을 27개 세부 요소별로 득점인원을 계산하여 〈표 11〉에 제시하였다.

전체 상담자에서 득점인원을 보면 '지금 상담에 오게 된 계기', '통찰수준 및 내용', 내담자의 '원함(wants)', '문제와 관련된 현재 생활 여건', '문제를 지속시키는 상황적 요인', '대처전략', '핵심문제에 대한 이론적 설명', '목표 달성에 장애로 예상되는 요소들'은 전체 81명 중 10%인 8명보다 적은 인원만이 득점한 요소들로 나타났다(음영표시 부분). 과반수 이상인 41명 이상이 득점한 요소를 득점인원이 많은 순으로 보면 '상담 전략', '과정목표', '대인관계 문제 영역', '대인관계 양상', '발달적 역사', '내담자 및 내담자 관련 요인들에 대한 종합적 이해 / 평가'로 나타났다.

고경력 상담자로 대상을 국한해서 득점인원과 그 비율을 살펴보면 '통찰수준 및 내용', 내담자의 '원함(wants)', '대처전략', '목표 달성에 장애로 예상되는 요소들'이 10% 미만의 상담자에 의해 사용된 것으로 나타났다(음영 표시 부분). 과반수 이상 득점한 요소를 득점인원이 많은 순으로 보면 '상담 전략', '과정목표', '대인관계 문제 영역', '내담자 및 내담자 관련 요인들에 대한 종합적 이해 / 평가', '대인관계 양상', '발달적 역사', '정서적 스타일과 특징', '최종목표', '부정적 상황과 약점', '핵심문제 및 정서', '긍정적 상황과 강점'의 순으로 나타났다.

〈표 11〉 1차 평정 시 요소별 득점인원

상담 사례개념화 요소	득점인원(%)	
	전체	고경력
지금 상담에 오게 된 계기	7(8.64)	4(13.79)
구체적 호소들	10(12.35)	5(17.24)
증 상	30(37.04)	13(44.83)
핵심문제 및 정서	37(45.68)	16(55.17)
객관적 정보	13(16.05)	7(24.14)
발달적 역사	45(55.56)	19(65.52)
문제의 기원	22(27.16)	8(27.59)
과거 문제력 및 그 당시 상황	17(20.98)	4(13.79)
자아개념	18(22.22)	7(24.14)
통찰수준 및 내용	6(7.41)	1(3.45)
인지적 스타일 및 특징	21(25.93)	9(31.03)
정서적 스타일 및 특징	33(40.74)	17(58.62)
신체, 생리, 행동적 특징	12(14.81)	6(20.69)
원함(wants)	2(2.47)	1(3.45)
문제와 관련된 현재 생활여건	4(4.94)	1(3.45)
문제를 지속시키는 상황적 요인	6(7.41)	6(20.69)
대인관계 양상	50(61.73)	20(68.97)
대인관계 문제 영역	53(65.43)	23(79.31)
긍정적 상황과 강점	23(28.40)	15(51.72)
대처 전략	1(1.23)	1(3.45)
부정적 상황과 약점	28(34.57)	16(55.17)
핵심문제에 대한 이론적 설명	4(4.94)	4(13.79)
내담자 및 내담자관련 요인들에 대한 종합적 이해 / 평가	42(51.85)	22(75.86)
최종목표(장기목표)	31(38.27)	17(58.62)
과정목표(단기목표)	71(87.65)	26(89.66)
상담 전략	76(93.83)	29(100.00)
상담 목표 달성에 장애로 예상되는 요소	4(4.94)	2(6.90)

유목별 분석결과와 마찬가지로 요소별 분석에서도 전체 상담자를 대상으로 살펴본 득점인원에 비해 경력이 높은 상담자에 국한해서 살펴본 득점인원의 비율이 전반적으로 더 높아졌음을 볼 수 있었다. 그러나 '통찰 내용 및 수준'은 상담 경력이 높은 상담자에게서 득점 비율이 더 낮아졌다.

2) 사례개념화 능력 평정결과와 상담 경력의 상관

1차 평정에서 사례개념화 요소가 있으며 득점기준에 부합할 만큼 의 수준이 있는 것으로 평가된 요소 수의 합계('1차 평정에서의 득 점요소 수'로 표기)와 상담 경력 간의 상관. 1차 평정에서 득점한 요 소에 해당하는 진술문들에 대해 세 수준의 가점을 한 2차 전문가 평 정 결과의 합계점수('2차 평정에서의 총점'으로 표기)와 상담 경력 간의 상관을 분석하여 〈표 12〉로 제시하였다.

〈표 12〉 상담 경력과 평정결과의 상관

	1차 평정에서의 득점요소 수	2차 평정에서의 총점
평　균	8.31	15.72
표준편차	2.95	8.42
상관계수	.51**	.71**

** $p < .01$

'1차 평정에서의 득점요소 수'는 득점기준에 부합하여 1점을 받은 요소의 합계를 뜻하므로 가능한 점수의 폭은 0에서 27이 된다. 한편 '2차 평정에서의 총점'은 득점한 요소에 대한 사례개념화 내용을 세

수준으로 분류하여 평정하게 되므로 받을 수 있는 점수의 폭은 어느 하나의 요소에서도 득점하지 못한 경우인 0에서 모든 사례개념화 요소에서 득점하고 모두 수준3으로 평정되는 경우인 81점까지가 된다.

상담자들은 1차 평정에서 득점한 요소들에 대해 2차 평정에서 평균 약 2점 정도의 가점을 받았다. 〈표 12〉는 상담자들의 사례개념화 수행수준은 상담 경력과 유의미한 정적 상관이 있음을 보여준다. 또한 1차 평정에서 단순히 득점을 한 요소의 개수보다는 전문가 평정에 의해 가중치가 부여된, 즉 사례개념화 진술의 수준을 세분하여 측정한 가중치 점수가 상담 경력과 더 강한 상관을 보이는 것으로 밝혀졌다.

이처럼 상담자의 상담 경력이 높을수록 보다 많은 사례개념화 요소들을 사례개념화에 사용한다는 연구결과는 상담 경력이 높은 상담자일수록 사례개념화를 할 때 보다 포괄적으로 해 나간다는 점을 의미한다 하겠다. 상담 경력이 높은 상담자일수록 사례개념화를 할 때 각 사례개념화 요소들에 대한 진술의 수준 또한 더 높아진다는 점 역시 이러한 해석을 뒷받침해 준다고 볼 수 있다.

다음으로 1차 평정에서 득점한 요소 수 및 2차 평정에 의해 가중치가 부여된 점수의 합을 유목별로 계산하여 상담 경력과의 관계를 살펴보았다. 〈표 13〉에서 8개의 유목별 '1차 평정에서의 득점요소 수' 및 '2차 평정에서의 총점'과 상담 경력 간 상관분석 결과를 상관계수로 제시하였다.

〈표 13〉 유목별 평정점수와 상담 경력 간 상관

사례개념화 하위영역	1차 평정 시 득점요소			2차 평정 시 총점		
	M	SD	상관	M	SD	상관
내담자 현재 문제, 상태 및 관련 증상	1.26	1.16	.24*	2.26	2.23	.45**
문제와 관련된 역사적 배경	1.05	0.93	.00	1.86	1.66	.16
문제와 관련된 내담자의 개인적 요인	1.15	0.94	.17	2.09	2.04	.31**
문제와 관련된 내담자의 외(상황)적 요인	0.12	0.33	.31**	0.20	0.58	.33**
내담자의 대인관계 특성	1.27	0.69	.24*	2.47	1.74	.48**
내담자의 자원 및 취약성	0.67	0.77	.36**	1.22	1.61	.47**
문제와 내담자에 대한 종합적 이해	0.58	0.61	.44**	1.20	1.52	.59**
상담 목표 및 계획	2.21	0.80	.30**	4.42	2.40	.57**

* p<.05 ** p<.01 M=평균 SD=표준편차

〈표 13〉에서 보듯이 단순히 각 사례개념화 요소가 비교적 타당하게 진술되어 있는지를 평정한 결과 득점기준을 통과한 요소 수의 합계와 상담 경력 간 상관에 비해, 수준에 대한 가중치를 두어 평정한 2차 평정점수의 합계와 상담 경력 간 상관에서 상관계수가 일관되게 높아졌다. 이러한 경향은 모든 유목에서 동일하게 나타났다.

'2차 평정 시 총점'과 상담 경력의 상관계수를 살펴보면 특히 '문제와 내담자에 대한 종합적 이해 및 평가' 유목과 '상담 목표 및 계획' 유목은 상관계수가 .5를 웃도는 높은 상관을 보여주었다. 이 중 '문제와 내담자에 대한 종합적 이해 및 평가'와 상담 경력의 상관계수가 .6에 가까운 정도로 가장 높으며, '1차 평정 시 득점요소 수'와 상담 경력 간 상관에서도 역시 .4를 넘는 높은 상관을 보여주는 유목이었다.

이러한 결과는 사례개념화 능력 혹은 수준에 있어서, 높은 경력의 상담자는 경력이 낮은 상담자에 비해 전반적인 영역에서 보다 우수한 사례개념화를 한다는 점을 보여준다. 그리고 상담 경력이 많은 상담자일수록 내담자와 사례에 대한 종합적인 이해를 바탕으로 질적으로 우수한 상담 목표 및 계획을 수립할 수 있는 것으로 보인다. 이러한 결과는 상담 경력이 높은 상담자일수록, 사례개념화가 내담자에 대한 정보를 조직하고 통합하는 것이라는 사례개념화의 정의에 보다 부합하는 사례개념화를 할 수 있다는 점을 보여준다 하겠다.

마지막으로 27개 사례개념화 요소 각각에 대해 1차 평정에서의 득점 상황과 2차 전문가 평정에서의 가점 상황에 대한 상담 경력과의 상관을 분석한 결과를 〈표 14〉에 제시하였다. 대부분의 요소에서 1차 평정 결과와 상담 경력 간 상관에서보다 2차 가점평정결과와 상담 경력 간 상관에서 상관계수가 더 높아지는 것을 볼 수 있다.

〈표 14〉 상담 경력과 각 요소에 대한 평정의 상관

상담 사례개념화 요소	1차 평정 상관계수	2차 평정 상관계수
지금 상담에 오게 된 계기	.27*	.28*
구체적 호소들	.12	.17
증 상	.13	.30**
핵심문제 및 정서	.18	.33**
객관적 정보	.07	.05
발달적 역사	.12	.27*
문제의 기원	-.07	.02
과거 문제력 및 그 당시 상황	-.18	-.09
자아개념	-.02	.06
통찰수준 및 내용	-.04	-.03
인지적 스타일 및 특징	-.02	.13
정서적 스타일 및 특징	.26*	.38**
신체, 생리, 행동적 특징	.10	.10
원함(wants)	.22*	.21

상담 사례개념화 요소	1차 평정 상관계수	2차 평정 상관계수
문제와 관련된 현재 생활여건	−.02	.06
문제를 지속시키는 상황적 요인	.37**	.35**
대인관계 양상	.01	.36**
대인관계 문제 영역	.25*	.40**
긍정적 상황과 강점	.26*	.34**
대처 전략	−.02	.03
부정적 상황과 약점	.31**	.43**
핵심문제에 대한 이론적 설명	.19	.32**
내담자 및 내담자관련 요인들에 대한 종합적 이해 / 평가	.43**	.59**
최종목표(장기목표)	.25*	.43**
과정목표(단기목표)	.07	.37**
상담 전략	.14	.52**
상담 목표 달성에 장애로 예상되는 요소	.06	.14

* p < .05 ** p < .01

.4를 넘는 비교적 높은 상관을 보여준 요소로는, 1차 평정에서의 득점 상황에서는 '내담자 및 내담자 문제 관련 요인들에 대한 종합적 이해 및 평가'가 나타났으며 2차 전문가 평정에서의 가중치 점수와 상담 경력 간 상관에서는 '대인관계 문제 영역', '부정적 상황과 약점'과 '내담자 및 내담자 문제 관련 요인들에 대한 종합적 이해 및 평가', '최종목표', '상담 전략'이 나타났다.

'과정목표'와 '상담 전략'은 1차 평정의 득점상황과 상담 경력 간 상관에서는 그다지 높지 않았다가 진술의 수준을 평정한 2차 평정의 가중치 점수와 상담 경력 간 상관에서는 상관계수가 4~5배 이상 커졌다. '내담자의 대인관계 양상'도 1차 평정 점수와 상담 경력 간 상관은 극히 낮았으나(.01) 2차 평정의 가점과 경력 간 상관계수는 .36으로 상당히 높아졌으며 통계적으로 유의한 수준이었다. 즉 상담 경력이 적은 상담자도 과정목표나 상담 전략을 사례개념화에서 수립하기는 하나 그 수준이 낮거나 전체 사례개념화 내용과의 체계적 관련성에서 미흡하며 내담자의 대인관계 양상을 사례개념화를 할 때 포함시켜 진술하지만 그 수준은 낮은데, 상담 경력이 높은 상담자일수록 '과정목표', '상담 전략'이나 '내담자의 대인관계 양상'에 대해 질적으로 우수하고 전문적인 진술을 한다는 것을 알 수 있다.

'상담 전략', '과정목표'나 '대인관계 양상'만큼 큰 변화를 보여주지는 않았지만 '핵심문제 및 핵심정서', '문제와 관련된 발달적 역사', '내담자의 정서적 스타일 및 특징', '대인관계 문제 영역', '내담자의 긍정적 상황과 강점', '내담자의 부정적 상황과 약점', '내담자 및 내담자 문제 관련 요인들에 대한 종합적 이해 및 평가', '최종목표' 등 대부분의 요소들이 1차 평정에서 보다 전문가에 의한 가중치 평정점수와 상담 경력 간 상관에서 상관계수가 더 커졌다.

이 중 '내담자 및 내담자 문제 관련 요인들에 대한 종합적 이해 및 평가'는 1, 2차 평정에서 모두 상담 경력과 가장 높은 상관을 보여 주었다. 이러한 결과는 사례개념화 능력 및 수준에 있어서 상담 경력이 높은 상담자가 상담 경력이 낮은 상담자와 가장 두드러지게 차이가 나는 부분이 내담자와 내담자의 문제에 대해 단편적이지 않은 종합적인 이해를 하는 측면임을 짐작하게 한다.

대부분의 유목에서 고경력 상담자의 득점비율이 전체 상담자에 비해 더 높게 나타난 결과는 경력이 높은 상담자일수록 보다 종합적인 사례개념화를 하고 있음을 의미한다 하겠다. 또한 상담자들이 사례개념화한 진술 내용을 질적으로 분석해 보면 내담자의 외적 상황은 내담자의 자원에 해당하는지 내담자의 약점 혹은 취약점에 해당하는지의 판단을 거쳐서 자원 및 취약성 유목으로 평정될 수 있는 방식으로 진술되어 있는 경우가 많았다. 이렇게 볼 때 '문제와 관련된 내담자의 외적 요인' 유목은 8개의 유목 중 타당성이 가장 낮으며 다른 유목과의 배타성도 떨어진다고 하겠다.

한편 전체 상담자와 고경력 상담자에서 공통적으로 10% 미만의 득점비율을 보여준 요소로는 '통찰수준 및 내용', '원함(wants)', '문제와 관련된 현재 생활 여건', '대처전략', '상담 목표 달성에 장애로 예상되는 요소들'이 발견되었다. 이들 요소들은 기타 득점비율이 높은 요소들과 개념적인 차원에서는 명확히 구분이 되며, 사례 발표 및 슈퍼비전에서도 다른 요소들과 독립적으로 다루어지고는 있지만 실제 상담 사례를 개념화할 경우에는 다른 요소들과의 배타성이 부족하다는 특징이 있다. 예를 들어 '통찰수준 및 내용'과 '대처전략'은 '내담자의 장점', 혹은 '내담자의 인지적 특성' 등으로 개념화될 수도 있을 것이다. 마찬가지로 내담자의 '원함'은 '내담자의 인지적 특성' 혹은 장·단기 '상담 목표'로 진술될 가능성이 있으며 '상담 목표 달성에 장애로 예상되는 요소들'은 '내담자의 약점 및 취약성'으로 진술될 가능성이 다분하다.

상담자들의 사례개념화 능력과 상담 경력 간 상관을 분석한 결과 1차 평정에서 득점한 요소의 합계는 상담 경력과 약간 높은 정도의 정적 상관(.51)을 보였으며 가중치가 부여된 2차 평정점수의 경우 상담 경력과 상당히 높은 정적 상관(.71)을 보였고 이러한 결과는 통계적으로도 유의미한 것으로 나타났는데 이러한 결과는 상담 경력이 상담자의 전문적 능력을 발달시키는 데 중요한 역할을 한다는 선행 연구들(류진혜, 1999, 심흥섭, 1998, Martin 등 1989, Cummings 등, 1990, Mayfield 등, 1999)의 결론을 상담 사례개념화 영역에서 구체적으로 확인한 것이라 할 수 있다. 상담 경력이 사례개념화 능력을 자동적으로 향상시켜 주는 것은 아니지만 반복적인 혹은 다양한 상담 경험은 상담자가 문제를 효율적으로 파악하고 문제해결 방향과 전략을 마련하고 실제 상담개입 활동에서 지침이 되는 '사례개념화'를 할 때 필요한 지식을 쌓는 데 도움이 된다(Mayfield 등, 1999).

상담자들의 사례개념화 내용에 대한 평정 점수를 유목별로 합산하여 상담 경력과의 상관을 분석한 결과 특별히 '문제와 내담자에 대한 종합적 이해 및 평가' 유목과 '상담 목표 및 계획' 유목에서 상담 경력과 상당히 높은 정적 상관이 나타났다. 또한 1차 평정과의 상관에 비해 질적인 수준을 평정한 2차 평정에서 상관계수가 일관되게 더 커진 것을 볼 수 있었다. 이러한 결과는 상담 경력이 높은 상담자의 상담 사례개념화 수행수준에서 상담 경력이 낮은 상담자와 구별되는 가장 두드러진 점이 문제와 내담자에 대해 보다 종합적인 이해와 평가를 한다는 점과 이러한 이해를 바탕으로 질적으로 보다 우수한 상담 목표와 전략을 수립할 수 있다는 점임을 의미한다 하겠다. 이는 경력이 높은 상담자일수록 상담 사례개념화의 핵심정의에 부합하는 개념화 능력을 갖추게 됨을 시사한다.

타당화 작업을 통해 밝혀진 또 하나의 의미 있는 시사는 상담 경력이 높은 상담자와 낮은 상담자의 사례개념화 능력상의 차이를 설명하는 가장 두드러진 점이 보다 종합적으로 이해하고 이를 바탕으로 현재 당면한 상담 목표 성취를 토대로 보다 장기적인 목표를 이룰 수 있도록 사례개념화한다는 점이다. 또한 상담 경력이 높은 상담자이든 낮은 상담자이든 '대인관계 문제 영역'과 '최종목표', '상담 전략'에 대해 사례개념화에서 다루기는 하지만 상담 경력이 높은 상담자가 경력이 낮은 상담자에 비해 질적으로 훨씬 우수한 사례개념화를 한다는 것이다. 2차 가중치 평정의 기준에서 가장 높은 점수를 받을 수 있는 기준이 질적으로 풍부하면서도 사례개념화한 내용의 전체적인 맥락과 정합성이 있게 진술된 것이라는 점에서 볼 때 이와 같은 결과는, 상담 경력이 높은 상담자는 '사례를 더 종합적으로 이해하여 조직하고 사례개념화에서 사용된 각 사례개념화 요소들이 전체적인 맥과 일맥상통하도록 통합적으로 조직할 수 있는 능력이 있다'는 점을 보여준다 하겠다.

상담경력이 높은 상담자일수록 '내담자와 관련된 요인들을 종합적으로 이해하고 평가하는 능력이 뛰어나다'는 부분은 상담에서 보다 전문적으로 되면 상담에서 얻은 정보의 개별 요소보다는 패턴을 지각함으로써 더 나은 정보를 얻는다(Brammer, 1997)거나 경력 상담자들이 초심상담자들에 비해 사례개념화에 있어 깊이가 있다(Glaser & Chi, 1988. Mayfield 등, 1999에서 재인용)는 선행 연구결과들과 일치한다. '내담자의 대인관계 영역의 특징과 특별히 문제가 되는 대인관계 영역을 아는 능력이 상담 경력과 함께 높아진다'는 결과는 경력 상담자가 초심상담자에 비해 대인 상호작용적인 개념화에 능숙하다는 선행 연구결과(Cummings 등, 1990)와 일치하는 부분이다.

한편, 상담 경력이 높을수록 '최종목표', '상담 전략'에서의 수행수준이 높다는 발견은 관련된 선행 연구의 결과에서 볼 수 없었던 새로운 발견으로 사료된다. 상담 경력과 목표 부분의 상관이 새로이 발견된 것은 사례개념화에 관한 기존의 연구들이 상담 목표 설정 부분에 대해 별로 주목한 적이 없기 때문일 것이다. 일부 연구들에서 초보상담자들의 경우 적절한 상담의도와 이에 부합하는 개입기술인지에 대한 고려 없이 개입하며(Tracey, Hays, Malone, & Herman, 1988), 사례개념화 능력이 상담자로 하여금 상담기술들을 더욱더 상담의도에 맞게 사용하도록 도울 수 있다는 점을 지적(Mallinckrodt & Nelson, 1991)한 바 있었다.

맺는 글

본서를 통해 필자는 상담슈퍼비전 및 상담에 유용하게 사용될 수 있는 사례개념화 요소 목록을 개발하고 한국의 상담 슈퍼바이저들과 상담자들이 개인상담 슈퍼비전에서 중심적으로 다루며 중요하게 생각하는 사례개념화 요소들 간에 차이가 있는지, 그 차이는 상담 경력별 차이와 어떻게 다른지, 상담자들에 의해 작성된 상담 사례개념화 실제는 상담 경력과 어떠한 관계가 있는지를 알아보았다.

1장에서는 사례개념화의 이해를 돕기 위해 유사 용어와의 비교, 사례개념화의 상세 정의 등을 제시하였으며 2장에서는 먼저, 상담자들의 분류작업과 전문 슈퍼바이저의 타당화 과정을 거쳐 8개 하위유목에 총 27개 사례개념화 요소로 구성된 사례개념화 요소목록이 제시되었다. 3장에서는 상담자들이 실제 사례개념화한 내용을 1, 2차에 걸쳐 평정한 점수와 상담 경력의 관계를 알아보았다. 1차 평정은 사례개념화 진술문에 각 사례개념화 요소가 반영되어 있는지를 위주로 이루어졌고 2차 평정은 상담자들의 사례개념화 작성내용상에 존재하는 사례개념화 요소별로 사례개념화의 수준을 세수준으로 평정하여 사례개념화의 보다 질적인 특징을 알아보았다.

상담자들에 의한 중요도와 빈도 평정 결과 중에서 상담 경력과의

상관이 .4 이상으로서 상관이 높은 순서대로 살펴보면 중요도에서
'핵심문제 및 정서', '내담자 관련 요인들에 대한 종합적 이해 및 평
가', '상담 전략', '상담 목표 달성에 장애로 예상되는 요소들'의 순이
었고 빈도에서는 '상담 전략', '내담자의 대처전략', '상담 목표 달성에
장애로 예상되는 요소들'의 순으로 나타났다.

슈퍼바이저와 상담자 간의 평정 차이가 통계적으로 유의미한 요소
들을 t값이 높은 순서대로 .4까지 제시하면 중요도에서 '내담자 관련
요인들에 대한 종합적 이해 및 평가', '상담 전략', '상담 목표 달성에
장애로 예상되는 요소들'의 순이며 빈도에서는 '상담 전략', '상담 목
표 달성에 장애로 예상되는 요소들'의 순이다.

실제 사례개념화한 내용에 대한 전문가 평정과 상담 경력과의 상
관에서 .4 이상을 얻은 요소들을 높은 순서대로 제시하면 '상담 목표
달성에 장애로 예상되는 요소들', '상담 전략', '최종목표', '부정적 상
황과 약점'의 순이다.

상담경력이 높은 상담자일수록 핵심문제와 핵심정서를 이해하고
내담자와 관련된 요인들을 종합적으로 이해하고 평가하는 일을 중요
하게 생각하며 실제 사례개념화상에서도 이 부분에 대해 수준 높은 진
술을 한다는 본 연구의 결과부분은 상담에서 보다 전문적으로 되면
상담에서 얻은 정보의 개별 요소보다는 패턴을 지각함으로써 더 나
은 정보를 얻는다(Brammer, 1997)거나 경력 상담자들이 초심상담자들
에 비해 사례개념화에 있어 깊이가 있다(Glaser와 Chi, 1988)는 선행
연구결과들과 일치한다. 한편, 상담 경력이 높을수록 '정서적 스타일
과 특징', '최종목표', '과정목표', '상담 전략'부분을 중요하게 생각하
며 실제 사례개념화 내용에서도 더 질적으로 우수한 수준으로 나타
났다는 본 연구결과는 관련된 선행 연구의 결과에서 볼 수 없었던

새로운 발견으로 사료된다. 상담 경력과 목표 부분의 상관이 새로이 발견된 것은 사례개념화에 관한 기존의 연구들이 상담 목표 설정 부분에 대해 별로 주목한 적이 없기 때문일 것이다. 일부 연구들에서 초보상담자들의 경우 적절한 상담의도와 이에 부합하는 개입기술인지에 대한 고려 없이 개입하며(Tracey, Hays, Malone, & Herman, 1988), 사례개념화 능력이 상담자로 하여금 상담기술들을 더욱더 상담의도에 맞게 사용하도록 도울 수 있다는 점을 지적(Mallinckrodt & Nelson, 1991)한 바 있었다. 본 연구는 상담 경력이 높은 상담자가 자신이 사례에 대해 이해한 바를 토대로 적합한 상담 목표 및 전략을 세울 수 있다는 것을 실제로 검증하였다는 점에서 그 의의가 있다.

정서적 스타일 및 특징과 상담 경력과의 상관은 우리나라의 문화적 고유성과 모종의 관련이 있을 것으로 짐작된다. 동양 문화권은 정서적 표현이 자연스러운 문화가 아니라는 점에서 우리나라의 상담자들에게는 내담자의 정서적 스타일과 특징을 파악하고 이를 상담에 활용하는 것이 서구 문화권에 비해 중요한 일이 된다.

상담경력이 높은 상담자일수록, 그리고 상담자보다는 슈퍼바이저에게서 더 중요하다고 평정된 요소들로는 그 밖에 '내담자의 통찰수준 및 내용'과 '내담자의 원함', '내담자의 대처전략'이 발견되었다. 이러한 요소들은 상담자가 상담의 성과를 가속화하고 극대화하기 위해 내담자가 자신의 문제나 상담에서의 변화와 관련하여 가진 자원, 내담자의 특수한 바람과 원망(願望)에 관련된 것들이라 할 수 있다. 상담 경력이 높은 상담자일수록 상담에 활용할 수 있는 내담자의 자원과 원함을 적절히 파악하고 활용하는 것이 중요하다는 점을 충분히 이해하고 있으며 슈퍼바이저들은 상담슈퍼비전에서 이러한 부분을 상담자가 알아차리고 활용할 수 있도록 안내하는 일이 중요하다는 점을 인식하고 있는 것으로 짐작된다.

이러한 연구결과는 상담자들이 자신의 사례를 개념화할 때 어떠한 부분에 의식적으로 집중하고 노력을 기울여야 상담 성과를 높이는 데 더 도움이 될지, 상담자로서 자신의 사례개념화 능력을 향상시키기 위해 사례개념화상의 어떠한 부분에 대해 가일층 학습 노력을 기울여야 할지 알려줄 수 있을 것이다. 또한 슈퍼바이저의 입장에서도 개인 상담 슈퍼비전을 통해 상담자들을 교육할 때, 어떤 부분에 대한 이해와 파악을 도울 때 상담자들의 상담 성과를 높이고 상담자들의 사례개념화 수준을 향상시키는 데 도움이 될지에 대한 구체적인 정보를 제공해 줄 수 있을 것이다.

상담 성과를 높이고 자신의 사례개념화 능력을 향상하기 위해 상담자들은 자신의 사례를 개념화할 때 내담자의 핵심문제가 무엇인지 파악해 낼 수 있도록 훈련하여야 할 것이다. 또한 여러 가지 단편적인 정보들을 조직하여 내담자와 관련된 여러 가지 요인들을 종합적으로 이해하기 위해 노력해야 할 것이다. 또한 이러한 종합적인 이해와 핵심에 대한 파악을 토대로 하여 장기적, 단기적 상담 목표를 세우고 목표 달성에 도움이 되는 상담 전략을 세워나가는 방향으로 주의를 집중해야 할 것이다. 슈퍼바이저들은 이러한 점에 주의함과 함께, 초심 상담자들을 교육할 때 상담자들이 내담자의 정서적 스타일 및 특징을 파악하고 이를 상담에 활용할 수 있도록 지도하는 일에 주목해야 할 것이다.

본 연구는 상담자 발달에 관련된 국내의 선행 연구들이 취한 3수준의 상담 경력 구분을 채택하지 않았다. 국내외의 선행 연구들에서 3수준이 뚜렷이 구분되지 않는 결과가 대부분이었고 발달이란 연속적인 현상이므로 그 능력에 있어서도 지속적으로 발전해 나가게 된다. 따라서 상담자의 경력수준을 몇 개의 발달단계별로 나누어 볼 때 사례개념화 능력에 있어서 단계별로 구분되는 뚜렷한 차이가 있을 것이라는 것은 본 연구의 기본 가정으로 적합하지 않다고 판단하였다. 대부분의 상담자 발달 관련 선행 연구결과들이 1수준과 2, 3수준, 1, 2수준과 3수준 간 유의미한 차이를 보고해 왔다. 본 연구의 결과로 제시되지는 않았으나 결과 데이터를 3개의 경력수준으로 구분하여 통계분석을 하였을 때 선행 연구결과와 마찬가지로 이와 같은 혼합된 결과를 발견할 수 있었다. 추후 연구에서 상담자의 발달 단계별로 사례개념화 능력의 차이를 발견하고자 한다면 양적인 연구보다는 질적인 연구가 먼저 수행되어야 할 것으로 사료된다. 또한 이러한 연구를 위해서는 상담자의 발달단계를 엄밀히 규정하는 것이 필수적인데 상담자의 발달에 영향을 주는 요인들은 매우 복잡다기하므로, 연구에 앞서 발달단계를 엄밀하게 판단할 수 있는 종합적이고 정확한 기준이 마련되어야 할 것이다.

본서는 상담실제와 상담자 교육에 있어서 중요한 영역임에도 불구하고 비교적 연구 분야에서는 관심을 받아오지 못한 상담 사례개념화에 대한 연구의 결과를 정리하였다는 점에 그 의의가 있다. 상담자 교육에서는 사례개념화의 중요성을 인식함에도 불구하고 사례개념화 교육의 자료나 사례개념화의 중요성이나 사례개념화에 관련된 실제적 근거가 부족하여 제대로 교육되기 어려운 점이 있었다. 이러한 우리나라의 현실에 터해 본다면, 본서에서 제시된 연구들은 추후 본격적인 사례개념화 연구들을 위한 초석이 되는 기초적인 연구로서 의의를 지닌다 하겠다.

상담 및 심리치료 연구에 관한 한 우리나라는 서구 여러 나라에 비해 아직은 발전 도중에 있는 나라라고 할 수 있다. 미국을 중심으로 한 상담 및 심리치료 연구 분야의 선진국에서 이루어지고 있는 선진적인 연구가 우리에게 많은 지식과 정보를 준다는 점은 부인할 수 없고 현재 우리는 서구에서 선진 상담 이론과 기법들을 수입하여 익히고 상담에 활용하고 있는 것이 현실이다. 하지만 상담 및 슈퍼비전이라는 영역은 문화적 특수성의 영향을 특별히 많이 받는 영역이다(김계현, 1994, 이장호와 김정희, 1989). 그러므로 상담 및 슈퍼비전 연구에서는 서구에서 이미 연구가 이루어진 주제들 중에서 특히 기초적인 연구들을 지금 그리고 향후 우리가 연구해야만 할 중요한 연구 주제와 문제로 삼아 우리의 상담 및 슈퍼비전 현상을 연구할 필요가 있을 것이다. 우리는 서구의 상담 이론과 서구에서 진행된 연구들에 대해 우리의 문화와 제도를 고려해서 검증하는 연구들을 필요로 한다(김계현, 1995). 오래전에 이미 연구되고 또 그 연구결과가 축적된 분야에 대해 새로이 연구한다는 것이 반드시 시대에 뒤떨어진 것이라고 볼 수는 없다. 우리의 상담 현실과 상담과 관련된 우리의 문화적 특성이 반영된 상담 현상을 포착해야 그 연구는 진정한 상담 실제와 연구 분야의 발전에 기여할 수 있을 것이다. 이렇게 하여 연구결과가 축적된다면 축적된 연구결과들은 다시 서구의 연구와 비교문화적인 관점에서 함께 다루어지고 주목받을 수 있을 것이다.

상담 성과를 높이고 자신의 사례개념화 능력을 향상하기 위해 상담자들은 자신의 사례를 개념화할 때 여러 가지 단편적인 정보들을 조직하여 내담자와 관련된 여러 가지 요인들을 종합적이고 통합적으로 이해하기 위해 노력해야 할 것이다. 또한 이러한 종합적인 이해와 핵심에 대한 파악을 토대로 하여 장기적, 단기적 상담 목표를 세우고 목표 달성에 도움이 되는 상담 전략을 세워나가는 방향으로 주의를 집중해야 할 것이다. 슈퍼바이저들은 이러한 점에 주의함과 함께, 초심 상담자들을 교육할 때 상담자들이 내담자의 대인관계 패턴을 파악하고 이를 상담에 활용할 수 있도록 지도하는 일에 주목해야 할 것이다.

또한 상담 경력을 고려한 사례개념화 교육 프로그램을 개발할 때, 상담 경력이 적은 초심 상담자들에게는 보다 많은 비율의 상담자들이 자신의 사례개념화에 사용하였던 유목과 요소들과 상담자의 상담 경력과 유의미한 상관이 나타나지 않은 요소들을 우선적으로 향상시키도록 하는 것이 좋을 것이다. 다음으로, 이러한 유목과 요소들에 대한 사례개념화 수준이 어느 정도 향상된 경력 상담자의 경우 비교적 낮은 비율의 상담자들이 사례개념화에 사용했으면서 동시에 상담 경력과의 정적 상관을 보여준 요소들에 대한 능력을 집중적으로 키울 수 있도록 사례개념화 요소들을 적절히 배치하도록 하는 것이 더 효과적일 것이다.

연구결과에 의하면 상담 경력이 적은 상담자들은 경력이 높은 상담자들에 비해 자신의 사례개념화에서 27개 사례개념화 요소 중 더 적은 수의 요소를 사용했다. 따라서 경력이 낮은 초심상담자를 대상으로 한 사례개념화 교육 프로그램에서는 상담자들이 27개 사례개념화 요소별로 사례에서 가능한 많은 내용을 파악해내고 조직할 수 있도록 훈련시키는 데 초점을 두어야 할 것이다. 이것이 가능한 수준의 상담자들은 다음으로 이러한 다양한 요소들 중 문제의 핵심을 중심으로 사례개념화 요소들 간의 관련성을 파악하고 보다 통합적이고 체계적으로 개념화할 수 있도록 훈련시키는 것이 바람직할 것이다. 다음으로는 이러한 파악을 토대로 하여 장·단기 상담 목표와 이의 달성을 위해 필요한 효과적인 상담 전략을 세울 수 있는 능력을 길

러주는 프로그램 내용이 제공되어야 할 것이다. 특별히 '상담 목표 달성에 장애로 예상되는 요소들'을 파악하고 이를 적절히 다루어 나갈 수 있도록 교육하는 일은 모든 경력의 상담자들에게서 부족한 것으로 나타났으므로 사례개념화 교육 프로그램에서 이러한 점이 고려되어야 할 것으로 보인다.

본 연구는 한국 상황에서 개발된 사례개념화 요소목록의 타당성을 검증하기 위한 목적으로 상담자들로 하여금 사례개념화를 해 보도록 하여 그 특징과 수준을 상담 경력별로 세부적으로 밝혔지만 한계점도 적지 않아 추후 연구를 통해 더 보완될 필요가 있다. 따라서 본 연구의 한계점을 밝히고 이를 보완할 추후 연구들에 대한 제언을 하고자 한다.

첫째, 본 연구는 사례개념화에 대한 매우 기초적인 연구로서, 연구 1에서 나온 사례개념화 요소목록에 대한 타당성 연구의 일환으로 상담 경력과 사례개념화 수행능력의 관계를 밝히는 연구였다. 보다 근본적으로 이야기하자면 상담자가 상담 능력을 향상시켜 나가는 것은 모두 상담의 성과를 목적으로 하는 것이다. 상담의 성과는 내담자의 만족을 가져다줄 것이다. 그렇다면 사례개념화 능력의 향상도 상담 성과에 긍정적으로 영향을 미쳐야 할 것이며 이러한 상담 성과는 내담자에게 만족을 가져다주어야 할 것이다. 추후 연구는 사례개념화 능력의 향상이 실제로 상담 성과로 연결되는지, 내담자의 만족에 영향을 주는지를 알아볼 수 있을 것이다. 사례개념화 영역상의 어떤 부분의 향상이 내담자의 상담 만족도와 더 의미 있게 관련되는지를 밝히는 연구가 수행되어 상담자의 정확한 사례개념화와 이를 내담자와 공유하는 것이 상담자와 내담자의 관계 형성, 내담자의 상담 동기에, 상담자와 내담자가 평가하는 상담의 성과 등에 어떠한 영향을 주는지를 밝힌다면 사례개념화의 중요성을 보다 분명히 밝혀주는 의미 있는 연구가 될 것이다.

둘째, 본 연구는 다양한 상담 경력을 가진 81명의 상담자를 대상으로 그들의 사례개념화 수준과 특징을 밝혀 연구1의 결과물인 사례개념화 요소목록의 타당성을 검증해 보고자 하였다. 그러나 연구 설계상의 제한점과 미흡함으로 인해 사례개념화와 관련된 여러 가지 변인들을 모두 포괄하지는 못하였다. 추후 연구들이 이러한 다른 여러 변인들의 상담 경력과의 관계를 구명할 수 있기를 기대한다. 예를 들면 상담 경력별로 사례개념화에 걸리는 시간이 다를 수 있을 것이다. 그리고 사례개념화에 걸리는 시간에 따라 사례개념화한 수준과 특징이 다를 가능성도 배제하기 어렵다. 시간제한을 두고 사례개념화를 하도록 할 경우 상담 경력별로 사례개념화 능력의 차이가 더 두드러질 가능성도 생각해 볼 수 있을 것이다. 추후 연구는 사례개념화에 걸리는 시간을 측정함으로써 이러한 부분을 밝혀줄 수 있을 것이다.

셋째, 본 연구는 상담자들로 하여금 가상사례를 사례개념화하도록 하는 방법을 취하였다. 그러나 상담자들이 실제 자신의 상담 사례를 개념화하는 양상은 이와 다를 수도 있을 것이다. 추후 연구는 실제로 상담자들이 담당하고 있는 사례에 대해 개념화한 바에 대해 연구할 수 있을 것이다. 이러한 자료들의 수준과 특징이 상담 경력별로 어떻게 다른지 알아보는 것은 상담자의 상담 경력에 따라 사례개념화 능력과 수준에 있어서 어떤 차이가 있는지를 보다 분명히 밝혀주는 연구가 될 수 있을 것이다. 또한 본 연구는 연구 참여자들에게 1회 상담으로 설정된 가상사례에 대해 사례개념화를 하도록 하였다. 그러나 사례개념화는 그 본질상 상담 회기가 진행되면서 수정 보완되는 과정적인 작업이어야 하며 실제로 그러하다. 따라서 추후 연구에서 상담자들이 실제 자신의 사례를 진행해 나가면서 사례개념화를 수정·보완해 나가는 과정을 따라서 회기 진행과 함께 사례개념화 자료를 지속적으로 수집하여 그 추이를 살펴본다면 회기 진행과 함께 사례개념화에서 무엇이 더 중점적으로 수정되고 보완되는지 알아보고 이러한 특징들이 상담자의 경력별로 어떻게 다른지 알아볼 수 있을 것이다.

넷째, 선행 연구의 개관에서 살펴보았듯이 상담자의 사례개념화 능력의 향상을 위한 학습과 교육이 흔히 일어나고 또한 가장 효과적인 장이 바로 개인상담 슈퍼비전이다. 본 연구는 사례개념화 능력의 향상을 위해 참고가 될 만한 정보를 제공하기 위한 목적을 가장 중심으로 갖고서 이루어진 연구였다. 그러나 실제 슈퍼비전 장면에서 사례개념화 학습이 어떻게 이루어지는지, 슈퍼비전을 통해 상담자들의 사례개념화 능력이 어떻게 향상되어 가는지에 대한 연구는 아니었다. 추후 연구는 상담 슈퍼비전을 통해 사례개념화 능력의 어떤 부분이 구체적으로 향상되어 가는지, 이러한 학습이 실제 자신의 상담 사례에 대한 개념화에 어떻게 영향을 미치는지를 실제 슈퍼비전 장면에서 직접 탐색해 보기를 권한다.

다섯째, 본 연구는 상담자 발달에 관련된 국내의 선행 연구들이 취한 3수준의 상담 경력 구분을 채택하지 않았다. 국내·외의 선행 연구들에서 세 수준이 뚜렷이 구분되지 않는 결과가 대부분이었다. 대부분의 상담자 발달 관련 선행 연구결과들이 1수준과 2, 3수준, 1, 2수준과 3수준 간 유의미한 차이를 보고해 왔다. 본 연구의 결과로 제시하지는 않았으나 결과 데이터를 3개의 경력수준으로 구분하여 통계분석을 하였을 때 선행 연구결과와 마찬가지로 이와 같은 혼합된 결과를 발견할 수 있었다. 추후 연구에서 상담자의 발달단계별로 사례개념화 능력의 차이를 발견하고자 한다면 상담자의 사례개념화 능력의 향상 현상을 보다 세밀하게 관찰하는 연구방법이 포함되어야 할 것으로 사료된다. 또한 이러한 연구를 위해서는 상담자의 발달단계를 엄밀히 규정하는 것이 필수적인데 상담자의 발달에 영향을 주는 요인들은 매우 복잡다기하므로, 연구에 앞서 발달단계를 엄밀하게 판단할 수 있는 종합적이고 정확한 기준이 마련되어야 할 것이다.

마지막으로 본 연구는 사례개념화의 기술적(記述的) 측면인 내담자와 사례에 대한 이해, 처방(處方)적 측면인 상담 목표와 계획의 수립을 포괄하였으나, 연구설계상 사례개념화의 또 하나의 측면인 가설검증 부분이 포함되지 못하였다. 사례개념화는 1회에 완결되는 작업이 아니라 상담의 진행과 더불어 함께 수정, 보완되는 계속적인 작업이어야 한다. 따라서 가설검증을 연구에 포괄하지 못한 것은 중요한 연구의 한계가 된다. 서구에서는 가설검증과 관련된 연구도 기술과 처방 측면에 대한 연구와 함께 활발히 진행되고 있다. 추후에 가설검증에 대한 연구가 활발히 진행된다면 사례개념화 영역에 관한 보다 종합적인 지식을 구성해 나가게 되어 상담 및 슈퍼비전 실제에 보다 많은 도움을 주게 될 것이다. 가설검증에 대한 연구는 가설검증 질문에 대한 연구를 포함해야 할 것이며, 상담자가 상담에서 하는 질문들 중 가설검증 관련 질문들의 특성을 밝혀내는 연구가 되어야 할 것으로 본다. 또한 슈퍼비전을 비롯하여 사례개념화 교육이 이루어지는 교육장면에서 가설검증 질문과 관련된 교육의 현상을 밝히고 이것이 상담 성과와 어떻게 관계되는지를 밝히는 연구도 필요할 것이다.

<참고 문헌>

김계현(1991). 상담서비스 실태 및 상담요원교육현황조사. 상담과 지도,
　　26, 66-93. 한국 카운슬러 협회.

김계현(1992). 상담교육 방법으로서의 개인 슈퍼비전 모델에 관한 복수사
　　례연구, 한국심리학회지: 상담과 심리치료, 4(1), 19-53.

김계현(1994). 바람직한 전문상담의 모형, 대학생활연구, 12, 109-124. 서
　　울: 한양대학교 학생생활연구소.

김계현(1995). 상담심리학, 서울: 학지사.

김계현(2000). 상담심리학 연구: 주제론과 방법론, 서울: 학지사.

김병성(1996). 교육연구방법, 서울: 학지사.

김수현(1994). 정신역동적 사례공식화: CCRT와 PF를 중심으로, 1995년
　　한국심리학회발표논문, 학생생활연구, 19, 충북대학교

김수현(1997). 정신역동적 사례공식화 방법과 개별적 갈등공식화 방법을
　　중심으로, 한국심리학회지: 상담과 심리치료, 9(1), 129-155.

김진숙 외(1998). 청소년 개인상담 실습교재, 서울: 청소년 대화의 광장.

류진혜(1999). 상담자 교육을 위한 인지 기술 훈련 프로그램의 개발, 한
　　양대학교 대학원 박사학위논문.

문수정(1999). 상담슈퍼비전 교육내용 요구분석: 상담자의 경력수준을 중
　　심으로, 서울대학교 대학원 석사학위논문.

박성수, 김병석(1997). 청소년 문제유형분류체계연구Ⅳ: 발달과업, 서울:
　　청소년대화의광장.

박성수, 박재황, 황순길, 오익수(1993). 청소년 상담정책 연구. 서울: 청소
　　년대화의광장.

박재황(1998). 상담자 교육, 서울대학교 교육연구소 편, 교육학대백과사전,
　　춘천: 하우동설, 1529-1536.

박재황, 김계현, 노안영, 김진숙(1996). 청소년 상담 슈퍼비전. 서울: 청소
　　년대화의광장.

방기연(1996). 상담전문지도에 대한 상담자의 요구분석. 연세대학교 대학
　　원 석사학위논문.

송혜경(1998). 개인상담의 구조화 교육에서 비디오테이프 시범학습의 효
　　과. 서울대학교 대학원 석사학위논문.

심흥섭(1998). 상담자 발달수준 평가에 관한 연구. 숙명여자대학교 대학
　　원 박사학위논문.

심흥섭·이영희(1998). 상담자 발달수준 평가에 관한 연구. 한국심리학회
　　지: 상담 및 심리치료, 10(1), 1-28.

임인재(1990). 교육·심리·사회 연구를 위한 통계방법. 서울: 박영사.

임인재(1998). 심리 측정의 원리 5. 서울: 교육출판사.

이윤주(1997). 상담 슈퍼비전의 과정과 성과 간의 관계. 서울대학교 대학
　　원 석사학위논문.

이장호, 김정희(1989). 동양적 상담지도이론모델의 탐색. 한국심리학회지:
　　상담과 심리치료, 2(1), 5-15. 서울: 한국심리학회.

이재창(1994). 전문상담자 교육과 훈련에 관한 연구. 한국심리학회지: 상
　　담과 심리치료, 8(1), 1-25.

장재홍(1999). 계획공식화 방법에 의한 심리치료 과정분석. 고려대학교
　　대학원 박사학위논문.

정원식·박성수·김창대(1999). 카운슬링의 원리. 서울: 교육과학사.

최해림(1995). 상담에서 개인 supervision의 모델과 진행과정. 인간이해,
　　16, 21-41. 서울: 서강대학교 학생생활연구소.

Acker, M., & Holloway, E.L.(1986). The use of supervision matrix. An
　　expert from supervision workshop: The matrix model, *Oregon*
　　Association of Counselor Education and Supervision, Covallis,
　　OR, Feb.

Amundson, N.E.(1988). The Use of metaphor and drawings in case
　　conceptualization. *Journal of Counseling and Development*, 66,

391 – 393.

Barber, J.P., & Crits–Christoph, P.(1993). Advanced in measures of psychodynamic formulation. *Journal of Counsulting and Clinical Psychology, 61,* 574 – 585.

Berman, P.S.(1997). *Case conceptualization and treatment planning: Exercises for integrating theory with clinical practice.* Newbery Park, CA: Sage.

Bernard, J.M.(1979). Supervisory training: A discrimination model. *Counselor Education and Supervision, 19,* 60 – 68.

Bernard, J.M., & Goodyear, R.K.(1998). *Fundamentals of clinical supervision.* USA: Allyn & Bacon.

Borders, L.D.(1989). Therapist responses to hostility and dependency as a function of trainging. *Journal of Counseling Psychology, 31,* 195 – 198.

Borders L.D., Fong–Beyette, M.L., & Cron, E.A.(1998). In–session cognitions of a counseling student: A case study. *Counselor Education and Supervision, 28,* 59 – 70.

Borders, L.D., & Leddick, G.R.(1987). *Handbook of counseling supervision.* USA: Association for Counselor Education and Supervision.

Borders, L.D., Fong, M.L. & Neimeyer, G.J.(1986). Counseling students' level of ego development and perceptions of clients. *Counselor Education and Supervision, 26,* 36 – 49.

Brammer, R.(1997). Case conceptualization strategies: The relationship between psychologists' experience levels, academic training, and mode of clinical inquiry. *Educational Psychology Review, 9,* 333 – 351.

Cummings, A.L., Hallberg, E.T., Martin, J., Slemon, A., & Hiebert, B.(1990). Implications of counselor conceptualization for counselor education. *Counselor Education and Supervision, 30,* 120 – 134.

Curtis, J.T., & Silberschatz, G.(1997). The plan formulation method. In T.D. Eells(Eds.), *Handbook of psychotherapy case formulation.* New York: Guilford Press, 116 – 136.

Eells, T.D.(1997). Psychotherapy case formulation: History and current states. In T.D. Eells(Eds.), *Handbook of psychotherapy case formulation*. New York: Guilford Press, 1–25.

Fong, M.L., Borders, L.D., Ethington, C., & Pitts, J.(1997). Becoming a counselor: A longitudinal study of student cognitive development. *Counselor Education and Supervision, 37,* 100–114.

Gagne, E.D., Yekovich, C.W., & Yekovich, F.R.(1993), *The cognitive psychology of school learning(2nd ed.)*. New York: HarperClollins College Publishers.

Goldman, R., & Greenberg, L.S.(1997). Case formulation in Process–Experiential Therapy. In T.D. Eells(Eds.), *Handbook of psychotherapy case formulation*. New York: Guilford Press, 402–429.

Hillerbrand, E.(1989). Cognitive differences between experts and novices: Implications for group supervision. *Journal of Counseling Development, 67,* 293–296.

Hirsch, P.A., & Stone, G.L.(1983). Cognitive strategies and the client conceptualization process. *Journal of Counseling Psychology, 30,* 565–572.

Holloway, E.L.(1988). Instruction beyond the facilitative conditions. *Counselor Education and Supervision, 27,* 252–257.

Holloway, E.L.(1995). *Clinical supervision: A system approach.*, Newbery Park, CA: Sage.

Holloway, E.L., & Wolleat, P.L.(1980). Relationship of counselor conceptual level to clinical hypothesis formation. *Journal of Counseling Psychology, 27,* 539–545.

Horowitz, M.J., & Eells, T.D.(1997). Configurational analysis: States of mind, person schemas, and the control of ideas and affect. In T.D. Eells(Eds.), *Handbook of psychotherapy case formulation*. New York: Guilford Press, 166–191.

Kivlighan, D.M.Jr., & Quigley, S.T.(1991). Dimensions used by process. *Journal of Counseling Psychology, 38*, 415-423.

Klein, D.L.(1995). *Relationship of counselor trainee internal dialogue self -efficacy and hypothesis formation to therapeutic performance.* dissertation thesis(Ph. D.), Indiana University.

Kurpius, Benjamin, & Morran, D.K.(1985). Effects of teaching a cognitive strategy on counselor trainee internal dialogue and clinical hypothesis formulation. *Journal of Counseling Psychology, 32*, 263-271.

Lee, Y.J.(2000). *Development of counseling case conceptualization format for Korean individual counseling and supervision.* Paper presented at the 1st International Conference of the i-APED(poster session). Seoul, Korea.

Loganbil, C., & Stoltenberg, C.(1983). The case conceptualization format: A training device for practicum, *Counselor Education and Supervision, 22*, 235-241.

Loganbil, C., Hardy, E., & Delworth, U.(1982). Supervision: A conceptual model, *The Counseling Psychologist, 10*, 3-42.

Luborsky, L.(1997). The core conflictual relationship theme: A basic case formulation method. In T.D. Eells(Eds.), *Handbook of psycho-therapy case formulation.* New York: Guilford Press, 58-83.

Mallinckrodt, B., & Nelson, M.L.(1991). Counselor training level and the formulation of the psychotherapeutic working alliance, *Journal of Counseling Psychology, 38*, 133-138.

Martin, J., Slemon, A.G., Hiebert, B., Hallberg, E.T., & Cumming, A.L. (1989). Conceptualizations of novice and experienced counselors, *Journal of Counseling Psychology, 36*, 393-396.

Matarazzo, R.G., & Patterson, D.R.(1986). Methods of teaching therapeutic skill. In S. L. Garfield & A. E. Bergin(Ed.), *Handbook of psychotherapy and behavior change: An empirical analysis.* New York: Wiley.

Mayfield, W.A., Kardash, C.M., & Kivlighan Jr, D.M.(1999). Differences in experienced and novice counselors' knowledge structures about clients: Implications for Case Conceptualization. *Journal of Counseling Psychology. 46*, 504−512.

Morran, D.K.(1986). Relationship of counselor self−talk and hypothesis formulation to performance level. *Journal of Counseling Psychology, 33*, 395−400.

Morran, D.K., Kurpius, D.J., & Brack, G.(1989). Empirical investigation of counselor self−talk categories. *Journal of Counseling Psychology, 36*, 505−510.

Mueller, W.J. & Kell, B.L.(1972). *Coping with conflict: Supervising counselors and psychologists.* Englewood, NJ: Prentice−Hall.

Murdock, N.L.(1991), Case conceptualization: Applying theory to individuals. *Counselor Education and Supervision. 30*, 355−366.

Needleman, L.D.(1999). *Cognitive case conceptualization: A guidebook for practitioners*, New Jersey: Lawrence Erlbaum Associates.

Nezu, A.M., Nezu, C.M., Friedman, S.H., & Haynes, S.N.(1997). Case formulation in behavior therapy: Problem−solving and functional analytic strategies. In T.D. Eells(Eds.), *Handbook of psychotherapy case formulation.* New York: Guilford Press, 368−401.

Perry, J.C.(1997). The idiographic conflict formulation method. In T.D. Eells(Eds.), *Handbook of psychotherapy case formulation.* New York: Guilford Press, 137−165.

Persons, J.B.(1992). Psychotherapy outcome studies do not accurately represent current models of psychotherapy: A proposed remedy. The *American Psychologist, 46*, 99−106.

Persons, J.B., & Tompkins, M.A.(1997). Cognitive−behavioral case formulation. In T.D. Eells(Eds.), *Handbook of psychotherapy case formulation.* New York: Guilford Press, 314−339.

Ryle, A., & Bennett, D.(1997). Case formulation in cognitive analytic therapy. In T.D. Eells(Eds.), *Handbook of psychotherapy case formulation*. New York: Guilford Press, 289–313.

Skovholt, T.M., Ronnestad, M. H. & Jennings, L.(1997). Searching for expertise in counseling, psychotherapy, and professional psychology. *Educational psychology review. 9*, 361–369.

Stevens, M.J., & Morris, S.J.(1995). A format for case conceptualization. *Counselor Education and Supervision, 35*, 82–94.

Stoltenberg, C.D.(1981). Approaching supervision from a developmental perspective: The counselor complexity model. *Journal of Counseling Psychology, 28*, 59–65.

Stoltenberg, C.D., & Delworth, U.(1987). *Supervising counselors and therapists.: A developmental approach*. USA: Jossey–Bass.

Strohmer, D.C., & Chiodo A.L.(1984). Counselor hypothesis testing strategies: The role of initial impressions and self–schema. *Journal of Counseling Psychology, 31*, 510–519.

Strohmer, D.C., & Newman, L.J.(1983). Counselor hypothesis–testing strategies. *Journal of Counseling Psychology, 30*, 557–565.

Strohmer, D.C., Biggs, D.A., Hasse, R.F., & Keller, K.E.(1983). Hypothesis formation and testing in clinical judgment. *Journal of Counseling Psychology, 30*, 607–610.

Strohmer, D.C., Shivy, V.A., & Chiodo, A.L.(1990). Information processing strategies in counselor hypothesis testing: The role of selective memory and expectancy. *Journal of Counseling Psychology, 37*, 465–472.

Tracey, T.J., Hays, K.A., Malone, J., & Herman, B.(1988). Changes in counselor response as a function of experience, *Journal of Counseling Psychology, 35*, 119–126.

Wantz, D.W., & Morran, D.K.(1994). Teaching counselor trainees a divergent versus a convergent hypothesis–formation strategy. *Journal of*

Counseling and Development. 73, 69 – 81.

Wiley, M.O., & Ray, P.B.(1986). Counseling supervision by developmental level. *Journal of Counseling Psychology, 33*, 439 – 445.

Worthington, E.L.Jr.(1987). Changes in supervision as counselors and supervisors gain experience: A review. *Professional Psychology: Research and Practice, 18*, 189 – 208.

Young, J.S.(1997). The impact of a supervisor – generated metaphor on the clinical hypothesis formation skills of counselors – in – training. *The Sciences & Engineering, 57*, 5940 – 5951.

〈부 록〉

1. 사례개념화 요소목록 분류 작업 안내문

(예비분류)

연구에 협조해 주셔서 진심으로 감사드립니다. 이것은 선행 연구에서 추출한 사례개념화 요소들을 유목으로 묶어내기 위한 목적으로 이루어지는 것입니다.

아래에는 선행 연구 18종에서 추출하여 유사한 것들을 통일한 사례개념화 요소들이 있습니다. 각 요소를 유사한 내용별로 분류해주세요. 단, 분류한 유목의 개수는 관계없으니 자유롭게 분류하시기 바랍니다.

그리고 도저히 분류하기 곤란한 것들은 따로 분류해 주세요. 개별 사례개념화 요소라기보다는 더 상위의 것들(예컨대 유목제목 정도 수준이라서 함께 분류하기 곤란한 것들)도 따로 분류해주세요. 분류 과정 혹은 종료 후에 각 유목의 명칭을 지어주세요. 그리고 기타 사항에도 응답해 주시기 바랍니다.

1. 상담자의 상담실무 경력: 학기 / 나이: 세(우리나이)
2. 유목명으로 적당한 것(더 상위요소)
3. 도저히 분류하기 곤란한 내용
   유목명 1:
   유목명 2:

예시) 유목별 분류의 보기

유목명: 문제 및 관련 증상

　　　　내담자의 호소문제

　　　　핵심문제에서 파생된 증상

(본분류)

연구에 협조해 주셔서 진심으로 감사드립니다. 이것은 선행 연구에서 추출한 사례개념화 요소들을 유목으로 묶어내기 위한 목적으로 이루어지는 것입니다.

다음은 상담전공 박사과정 이상 3인에 의한 예비 분류작업을 통해 80개로 정리된 사례개념화 요소입니다. 각 요소를 유사한 내용별로 분류해주세요. 단, **분류한 유목의 수가 10개는 넘지 않도록 해 주세요 (10개보다 적은 개수라면 몇 개든, 아무리 유목의 개수가 적어도 괜찮습니다).**

그리고 어떤 이유에서든 도저히 **분류하기 곤란한 것들은 따로 분류해 주세요.** 분류 과정 혹은 종료 후에 각 유목의 명칭을 지어 주세요. 소팅 결과를 다음과 같은 순서로 해서 제게 보내주세요.

1. 상담자의 상담실무 경력:　　학기 / 나이:　　세(우리나이)

A. 도저히 분류하기 곤란한 내용

3. 유목분류

　　유목명 B:

　　유목명 C:

예시) 유목별 분류의 보기

유목명A: 문제 및 관련 증상
　　　　　내담자의 호소문제
　　　　　핵심문제에서 파생된 증상

(본분류작업 후 논의)

안녕하세요?

저번에 사례개념화 요소 분류 작업을 도와주셔서 진심으로 감사해요. 분류 곤란 혹은 제목명으로 지목된 요소들이 배제된 후, 분류자들이 명명한 유목명들을 모아 비슷한 것끼리 통일하고 통합, 분리하여 유목이 정해졌으며 각 유목안으로 분류자의 2/3 이상이 공통적으로 분류한 요소들이 최종적으로 선택되었습니다. 이제, 도와주시는 김에 한번 더 '꽉꽉' 도와주신다고 허락해주셔서 정말 고맙습니다. 분류작업 결과 아래와 같이 사례개념화 요소 목록의 초안이 잡혔습니다. 그러나 아직도 유목과 요소들 각각이 명쾌하게 정리된 것 같지는 않습니다. 이 목록이 제대로 된 목록으로 모양새를 갖추도록 도와주시기 바랍니다.

아래 2-3쪽의 사례개념화 요소 목록을 출력하셔서 옆에 두고 아래의 질문들에 대해 의견을 적어주시면 감사하겠습니다. 가능하시면 의견의 이유도 같이 제시해 주시면 더없이 고맙겠습니다.

이 목록이 각 상담자들이 자신의 상담 사례를 개념화하거나 개인 상담 슈퍼비전에서 다루어지게 된다고 생각하시면서 다음 사항에 대해 의견을 주시기 바랍니다.

1) 유목들의 적합성

(1) 빠져도 무방한 유목 혹은 빠지는 게 더 좋은 유목

(2) 분리 혹은 통합되어야 할 유목

(3) 반드시 더 추가되어야 할 유목

(4) 소속된 요소들을 종합해 볼 때 기존의 유목명보다 더 적합한
    유목명

2) 각 사례개념화 요소들의 적합성

(1) 각 유목 내에 소속된 각 사례개념화 요소들 중 빠져도 무방한
    혹은 빠지는 것이 더 적합한 요소

(2) 각 유목 내에 소속된 각 사례개념화 요소들 중 분리 혹은 통
    합되어야 할 요소

(3) 각 유목 내에 소속된 각 사례개념화 요소들 중 반드시 더 추
    가되어야 할 요소

(4) 함께 소속된 요소들을 종합해 볼 때 기존의 요소명보다 더욱
    적합한 요소명

3) 그 밖에, 더 나은 '사례개념화 요소목록'이 되기 위해 연구자
에게 주실 고견(조언)

2. 본 분류와 논의 결과
정리된 사례개념화 요소(36개)와 유목

A. 내담자 문제 및 관련 증상(5)
내담자의 구체적 문제들(6/6)

내담자의 증상(신체적, 심리적)(6/6): 기타 증상

관련 신체적 요인들(4/6), 문제의 현재의 특징(6/6) 포함

내담자의 핵심문제(5/6): 문제의 핵심역동(4/6)포함

내담자의 핵심문제와 관련된 증상(6/6)

객관적 정보: 지능검사를 포함한 심리검사 결과 및 진단(4/6) 등

B. 문제와 관련된 역사적 배경(3)
문제의 기원(4/6): 외상(trauma)(6/6)포함

과거 문제력 및 그 당시 환경상황(5/6): 문제의 지속기간(4/6)포함

내담자의 발달적 역사(4/6): 가정환경, 가족 역사 포함

C. 문제와 관련된 내담자의 내적 요인(12: 인지, 정서, 신체 요인)
내담자의 자아개념(5/6)

내담자의 통찰 내용과 수준(5/6)

인지적 스타일(6/6): 긍정적 인지(6/6), 부정적 인지(6/6) 포함

인지적 능력: 지능(4/6), 판단능력(4/6) 포함

핵심 신념(4/6)

정서적 스타일: 생활에서 정서순환의 사이클(6/6),

표현하는 정서의 폭(6/6), 정서의 적절성(6/6) 포함

호소 문제에 대한 내담자의 정서(4/6)

내담자의 공포 두려움(4/6)

섭식패턴(4/6)

성적 기능(4/6)

수면패턴(5/6)

내담자의 원함(wants)(5/6)

D. 문제와 관련된 내담자의 외적(상황적) 요인(3)

내담자의 현재 생활 여건

(거주 환경, 여가 활동, 재정, 직업, 내결혼 상황 등)(4/6)

문제와 관련되는 사회 문화적 영향(4/6)

핵심문제를 지속시키는 상황적 요인과 그 근거(4/6):

문제를 촉발, 강화시키는 요인과 조건(6/6) 포함

문제를 촉발, 강화시키는 요인과 조건(6/6)

E. 내담자의 대인관계 특성(3)

내담자의 대인관계 양상(5/6)

대인관계 문제 영역(5/6)

타인들에 대한 태도(5/6)

F. 내담자의 자원 및 취약점(3)

긍정적 상황과 강점(6/6)

내담자의 대처 전략(4/6)

내담자의 약점

(고민, 이슈, 문제, 증상, 기술 결핍, 향상의 장애 요소 등)(5/6)

G. 문제에 대한 상담자의 종합적 이해(2)

문제와 관련된 요인들 간의 상호관계의 통합적 기술(6/6)

핵심문제에 대한 이론적 설명(6/6)

H. 상담 목표 및 계획(5)

장기목표(6/6)

단기목표(6/6)

상담 전략(4/6): 상담 목표를 얻기 위한 탐색 방향 설정(6/6),

초기 상담계획(6/6), 상담유형(6/6),

상담 면담의 빈도와 기간(6/6),

약, 집단상담 등 병행할 만한 방법(6/6) 포함

상담 목표 달성의 장벽으로 예상되는 요소들(6/6)

3. 사례개념화 작업 안내문

상담사례에 대한 개념화 작업 안내문

상담 사례개념화란 상담 사례에 대한 생각과 의견을 정리하고 이를 토대로 상담 목표와 계획을 세우는 과정을 말합니다. 다른 말로 하자면 내담자에 대한 정보들을 상담자가 나름대로 통합해서 내담자에 대한 이해와 문제해결을 위해 활용하는 기술을 의미합니다. 즉 상담 사례와 관련해서 내담자 및 내담자의 문제에 대한 종합적으로 구성된 설명 혹은 가설, 그리고 그 가설에 기초한 **상담 목표 및 계획, 전략**을 의미합니다.

잘된 사례개념화는 상담 혹은 치료를 이끄는 청사진으로서, 변화를 위한 기준(marker)으로서, 상담자가 내담자를 더 잘 이해할 수 있게 해 주는 구조로서 기능하게 됩니다. 사례개념화는 상담자가 취한 기본적인 이론경향에 따라 다양할 수 있습니다.

> 다음은 **작성방법**입니다.
> 1) 먼저 사례개념화의 정의를 적은 종이를 읽어보시면 상담 사례개념화가 무엇인지 무엇을 적으시면 될지 대충 감이 오실 것입니다.
> 2) 가상사례를 약 20분 동안 천천히 읽으시기 바랍니다. 읽으시면서 무언가 간단히 필기하시거나 정리하시거나 자유롭게 하셔도 좋습니다.
> 3) 작업지의 안내대로 가상사례를 개념화한 내용을 적어 주시기 바랍니다. 틀이나 양식은 없습니다. 그저 자유롭게 자유연상 식으로 적어 주시면 됩니다.

가상적인 사례를 약 20분 정도의 시간 동안 천천히 읽으신 다음 아래의 요청에 따라 선생님이 머릿속으로 세우신 사례개념화 내용을 정리하여 별도로 드린 기록지에 적어 주십시오. 시간제한은 없지만 30분 내외의 시간을 사용하신다고 생각하시면 좋겠습니다.

> 1. **읽은 것을 기초로 상담 사례에 대해 개념화한 바를 적어주세요**(내담자와 내담자의 주요 문제와 그와 관련된 주요한 요인, 상담 시 초점을 맞추고 고려해야 할 점 등……내담자와 내담자의 문제, 이 내담자와의 상담을 위해 생각이 정리되신 것은 무엇이든지 **'형식 없이 자유롭게'** 적어주시기 바랍니다.) 옳고 그름에 대해서 생각하지 마시고 생각이 정리된 것은 무엇이든 적어 주세요(선생님께서 이 사례를 상담하신다고 할 때 상담에서 작업해야 할 가장 중요한 초점이 무엇이라고 생각하시는지를 생각하시면서 기록해 주시기 바랍니다). *약 25분 정도*의 시간을 사용하신다고 생각하시면 좋겠습니다.

2. **선생님께서 세우신 사례개념화 내용을 확인 혹은 검증하기 위해 내담자에게 앞으로 해야 할 질문들을 적어 주세요.** 선생님께서 세우신 사례개념화 내용을 다음 상담시간에 확인하기 위해, 즉 자신이 세운 개념화 내용이 맞는지 아닌지 알아보기 위해 더 필요한 질문을 내담자에게 던진다면 어떤 질문들을 던질 것인지 적어주세요. (선생님 자신이 이 사례의 상담자가 된다면이라고 가정하시고 답하시면 좋겠습니다.) *약 5분 정도*의 시간을 사용하신다고 생각하시면 좋겠습니다.

_____

_____

_____

_____

_____

4. 사례개념화 평정 매뉴얼

유목명	사례개념화 요소	설 명
현재 문제 및 관련 증상	1. 지금 상담에 오게 된 계기	바로 지금 상담에 오게 된 이유, 내방의 원인이 되는 사건 혹은 문제
	2. 구체적 호소들	내담자가 호소하는 제반문제, 호소 증상
	3. 증상들	신체적, 행동적, 심리적 및 기타 증상, 문제의 현재의 특징 등
	4. 핵심문제 / 정서	문제의 핵심역동, 내담자의 핵심문제와 관련된 핵심감정
	5. 객관적 정보	지능검사 포함 심리검사 결과 및 진단, 성적, 휴학 여부, 이수 학기수 등

유목명	사례개념화 요소	설 명
문제관련 역사적 배경	6. 발달적 역사	가정환경, 가족 역사 등 내담자의 문제와 관련된 발달 및 역사적 배경
	7. 문제의 기원	내담자의 문제 및 증상이 시작된 시점, 문제의 원인이라고 할 수 있는 사건과 그 당시 상황, 문제의 지속 역사, 외상(trauma), 문제와 관련된 최근의 변화상황 등
	8. 과거 문제력 및 당시 환경상황	문제와 관련된 과거 역사 중 가족 역사 및 환경 이외의 것들, 문제의 지속기간 등
문제와 관련된 내담자의 개인적 요인	9. 자아개념	각 측면에서의 자아정체성, 상(이미지), 자존감, 자아효능감, 자아개념 등
	10. 통찰 내용과 수준	내담자가 문제와 자신, 자신을 둘러싼 인적·물적, 환경적 측면에 대해 가지는 통찰 정도와 그 내용 등
	11. 인지적 스타일 및 특징	인지 내용 및 스타일, 인지적 능력 등
	12. 정서적 스타일 및 특징	생활에서 정서순환의 사이클, 표현하는 정서의 폭, 정서의 적절성, 호소 문제에 대한 내담자의 정서, 내담자의 분노, 공포 및 두려움 등
	13. 신체·생리·행동적 특징	행동-섭식패턴, 성적 기능, 수면패턴 등 특징적, 패턴인 특징 기술의 경우 이에 해당
	14. 내담자의 원함(wants)	상담 및 변화에 대한 동기 및 의지, 내담자가 원하는 해결방향 및 해결 양상 등.
문제관련 내담자의 외적(상황적) 요인	15. 문제관련 현재 생활 여건	거주 환경, 여가 활동, 재정, 직업, 결혼 상황 등
	16. 문제 지속시키는 상황적 요인	문제를 지속, 촉발, 강화시키는 요인들과 그 근거 등
내담자의 대인 관계 특성	17. 대인관계 양상	가족, 친구 등 타인과의 관계(상담자와의 관계 포함), 관계의 지속성 여부, 대인관계 패턴, 대인관계 특성 및 양상에 대한 가치중립적인 기술(記述)
	18. 대인관계문제 영역	문제 관련 대인관계 영역, 현재 문제가 되는 대인관계 영역 혹은 대상 등
내담자의 자원 및 취약성	19. 긍정적 상황 / 강점	외모, 타인에게 주는 호감도, 상담 약속을 지킴, 성공 경험, 지지적인 경험, 지지적인 대인관계망, 스트레스에 대한 인내력, 스트레스 대처능력, 의사소통 능력, 정서 표현 능력 등
	20. 내담자 대처전략	내담자가 문제 및 그 해결에 대해 갖는 대처 전략 혹은 대처 계획
	21. 부정적 상황 / 약점	고민, 이슈, 문제, 증상, 대인관계 기술 혹은 문제해결 기술 결핍, 향상의 장애 요소 등

유목명	사례개념화 요소	설 명
종합적 이해	22. 핵심문제에 대한 이론적 설명	상담자의 이론적 배경에 근거한 문제 전체, 문제의 원인과 과정 등에 대한 '종합적 설명'이 있어야 이 요소로 분류
	23. 내담자와 관련된 요인들에 대한 종합적 이해 및 평가	문제를 촉발, 강화시키는 요인 및 조건, 내담자에 대한 종합적 이해, 내담자 및 내담자 문제에 대한 진단 혹은 평가
상담 목표 및 계획	24. 최종목표(혹은 장기목표)	상담의 종결시점 혹은 그 이후를 시점으로 하는 목표
	25. 과정목표(혹은 단기목표)	상담 중에 도달하게 될 목표, 회기 목표, 중간 목표 등 포함
	26. 상담 전략	상담 목표를 얻기 위한 탐색 방향 설정, 초기 상담계획, 상담유형, 상담 면담의 빈도와 기간, 투약·집단상담 등 병행할 만한 방법 포함
	27. 상담 목표 달성의 장애로 예상되는 요소들	상담 목표 달성에 장애 혹은 장벽으로 상담자가 예상하는 요소 혹은 요인들

〈평정 시 주의사항〉

1. 먼저 평정자는 연구대상자가 쓴 전체 내용을 읽은 후, 연구자 대상자가 적은 맥락을 잘 파악하여 평정한다.

2. 27개 요소 각각에 해당되는 내용이 사례개념화 진술내용에서 발견되는지 판단하여 27개 요소별로 유무를 평정한다.
 -두 군데 이상 중복되게 속할 수 있다고 생각되는 내용에 대해서는 두 가지 모두로 평정하거나 그중에서 어느 요소에 속하는 것이 더욱 적절할지 판단하여 평정한다.

3. **2가지 요소가 혼재되어 있어서 둘 사이에서 판정이 어려울 경우** 양쪽 요소 모두로 평정한다.

예: **내담자의 외로움과 허전함을 충분히 들어주고 이해해 주는 것을 통해 라포를 형성하고 상담자와 안정되고 신뢰로운 관계를 형성해 나감으로써 건강하게 관계 맺는 것을 배울 수 있다.** 는 목표를 향해 상담자가 개입할 전략에 대해 진술하고 있으므로 목표와 상담 전략 모두로 평정한다.

4. **모범답안에는 없지만** 평정자의 판단으로 점수를 줄 수 있다고 생각되는 경우 점수주기: 모범답안에 있는 내용이라고 해서 반드시 가점기준에 부합하는 것은 아니므로 주의해 주시기 바랍니다.

5. 점수를 주는 경우
① 사례개념화 내용이 타당하면서 그 근거가 되는 내용까지 제시한 경우, 근거가 제시되어 있지 않더라도 사례의 내용이나 사례개념화 전체 내용과 맥락이 통할 경우(각 요소별 가점 기준 참고)
② 내용이 구체적이고 깊이가 있는 것, 그것을 통해 무엇을 하겠다는 것인지(어떤 목적을 가진 것인지) 분명한 항목.
③ 가상사례에 있는 내용을 상담자 자신의 용어나 표현으로 바꾸어 쓴 경우

6. 점수를 주지 않아야 하는 경우
① 그 위에서 비슷한 내용을 반복해서 이미 적은 경우. (하나의 항목에만 점수를 부여한다).
② 내용이 너무 피상적이고 상식적이거나 너무 단편적으로 적은

것, 그래서 그것을 통해 무엇을 하겠다는 것인지(어떤 목적을 가진 것인지) 분명치 않거나 그렇게 개념화한 근거가 사례개념화 전체 내용에서 제시되지 않은 항목.

예: 우울, 두려움.

③ 가상사례에 있는 내용을 그대로 옮겨 적은 것에 불과할 경우. (단, 상담자 자신의 용어나 표현으로 바꾸어 쓴 경우는 점수 부여).

④ 개념화한 내용이 사례개념화 내용의 맥락과 맞지 않거나 가상사례에 없는 내용일 경우

27개 사례개념화 요소에 대한 설명과 예

A 내담자의 현재 문제, 상태 및 관련 증상

-사례에서 제시된 내담자의 호소가 문제라는 표현으로 적혀진 경우: 2. **호소문제**로

예: 남자친구와 헤어져 지내는 것이 힘들다. 생활을 잘하고 싶은데 혼자서는 잘 못 지낸다.

-구체적이고 단편적인 증상, 문제 진술: 3. **내담자의 증상**으로

-보다 종합적이고 구체적 증상들을 하나로 묶어내는 원인, 핵심 중심으로 기술된 경우: 4. **핵심문제 및 핵심정서**로

1. **지금 상담에 오게 된 계기: 다른 시점이 아닌 '바로 지금' 상담에 오게 된 이유, 상담실에 오게 만든 원인이 되는 사건 혹은 문제.**

　－'**민석(가명)과의 다툼**', "**4학년(졸업반)으로서의 위기의식**" 등 구체적인 원인 사건이나 문제 혹은 시점이 기술된 경우에만 이 요소로 평정하고 그렇지 않은 경우 2번으로 평정.

　(예) 남자친구가 떠나고 혼자 남겨지는 것에 대한 불안(혼자 남겨짐, 방치됨, 외로움에 두려움이 있는 내담자) 때문에 상담실에 찾아왔다. / 이 경우는 보다 근본적인 문제와 고민을 이유로 담고 있으므로 "**2번 요소, 내담자의 구체적 호소들**"로 평정한다.

　－**가점기준: 가상사례의 내용에 비추어 타당한 내용일 경우에 가점.**

　1) 며칠 전 남자친구와의 다툼: 2년 이상 깊은 관계에 있는 남자친구가 내담자의 기대 및 바람과는 달리 다른 여자친구를 만나고 있었고 앞으로 본격적으로 사귀겠다고 공표하여 배신감과 자존심 상함을 느낌.

　2) 남자친구와의 다툼에서 연인이 되고 싶은 욕구가 좌절될 것 같은 구체적 징조를 발견하고 이에 대해 대처하는 데 도움을 얻고자 했음.

　3) 남자친구는 취직하고 자기 자리를 찾아가고 있는 점. 그동안 의지했던 남자친구마저 떠나고 자신에게 아무 것도 남아 있지 못한 4학년이 주는 현실적인 위기의식

　4) 며칠 전 남자친구와의 다툼과정에서 현실적으로 예상하게 된, 밀착되었던 남자친구마저 떠나 의지할 수 있는 대상의 상실로 인한 외로움

2. 내담자의 구체적 호소들: 내담자가 호소하는 제반 문제, 호소 증상

– 내담자 말을 그대로 기술한 경우는 점수 부여하지 말 것. 상담
자 자신의 말로 바꾸어 기술한 경우만 점수 부여.

– **가점기준: 가상사례의 내용에 비추어 타당한 내용일 경우에 가점.**

  1) 남자친구와는 결국 헤어질 것 같은데, 내 생활은 다 없어져
버려 남자친구가 없는 삶에 대해 두려움을 느낀다.

  2) 혼자 남겨질 것 같은 외로움……등등

3. 내담자의 증상: 신체적, 행동적, 심리적 및 기타 증상, 문제의 현재의 특징 등

– 문제로 인해 발생한 구체적, 특수한 증상이 여기에 해당. 구체적
으로 수면, 학업에서의 기능 정도가 진술되지 않고 **"자신을 돌보
지 못한다"**와 같이 **일반적으로 기술**한 경우 **13. 신체, 행동, 생
리적 특징**으로 평정한다. 문제로 인해 발생한 것이 아니라 어린
시절부터 나타날 정도로 일반적이고 만성적인, 즉 오래 지속되
어 온 특징적인 것이라면 11, 12, 13번으로 평정한다.

– **가점기준: 가상사례의 내용에 비추어 타당한 내용일 경우에 가점.**

  1) 신체 행동적 증상: 의존하고 있었던 남자친구의 abuse 및 실
연이 예상되는 상황으로 인해 알코올 **의존, 담배 의존**

  2) 신체 행동적 증상: **수면(티브이 보다 그냥 쓰러져 잔다), 섭
생(밥맛이 없다, 식사를 제때 안 함, 빈속에 술 마심), 학업
(민석과 노느라 성적이 엉망) 등의 기능**이 정상적으로 되지
않고 있다.

  3) 신체 행동적 증상: 섹스파트너라는 것을 알면서도, 또 자기
의사와는 무관하게 계속해서 성관계에 의존

4) 심리적 증상: 혼자 남겨짐에 대한 **외로움**, 실연과 취직불투명에 대한 **불안**, 잘 나가는 민석과 비교해서 느끼는 **열등감**, 자신을 이용하고 abuse한 남자친구에 대한 **배신감**, 이로 인한 **분노**

4. 내담자의 핵심문제 및 핵심정서: 문제의 핵심역동, 내담자의 핵심문제와 관련된 핵심감정

- 내담자의 문제의 가장 **중심, 핵심**이 되는 것을 기술하였거나 **정서들 간의 관련성 위주로 진술**하였거나, 기타 여러 가지 요소들 혹은 근거자료를 **종합하여 핵심문제나 핵심정서를 이끌어내는 식의 진술**에만 평정. 상담 목표나 전략에서도 일관된 맥으로 연결되는 내용.
- **과거문제에 대한 현재의 감정을 중심으로 기술된 경우, 정서들의 연관성, 영향, 관계들을 보다 종합적으로 파악**한 경우. 단편적으로 문제나 감정을 진술한 경우는 해당되지 않음. 단편적으로 진술한 경우는 〈2번, 내담자의 구체적 호소들〉 혹은 〈12. 내담자의 정서적 스타일 및 특징〉으로 평정한다.
- 예: **내담자의 핵심감정은 분노이다.** 와 같은 단편적인 진술은 핵심감정이란 말이 있더라도 해당되지 않으며 가점 대상도 아님. 이런 경우 〈12번, 내담자의 정서적 스타일 및 특징〉으로 평정.
- **가점기준: 해당문제나 정서에 대한 타당한 근거나 설명이 있는 경우에만 가점.**
  1) 핵심문제: 자기 자신에 대한 중심이 없어서 타인에 대한 의존이 크다.

2) 핵심문제: 방치된 내담자로서 누군가가 자신에게 관심을 주
   면 과도한 집착으로 상대방을 부담스럽게 하여 떠나가게 하
   고, 이런 결과는 자신을 무가치하게 경험하게 하는 악순환을
   겪게 한다.

3) 핵심문제: 오래된 방치 경험을 통해 내담자는 자신은 세상에
   쓸모없는 존재라는 극도로 낮은 자기 무가치감을 경험하고
   있으며 남자친구가 함부로 자신을 대해도 이에 대해 적극적
   인 방어, 항변, 거절을 못하고 있다.

4) 핵심역동: **늘 혼자였던 경험**은 남자친구가 결국은 심리적으
   로 완전히 떠나갔음에도 불구하고 다시 **혼자 남겨진다는 불
   안**으로 작용해서 섹스파트너를 해**서라도 옆에 두고 싶은** 것
   으로 이끌고 있다.

5) 핵심정서: 2년간 모든 것을 의존해왔던 남자친구가 떠날 것
   이 예상되면서 그 빈자리를 스스로 추슬러야 하지만 그것에
   대해 자신이 없고 두려워하고 있다.

6) 핵심정서: 스스로 추스르지 못하는 자신에 대한 자괴감, 자
   책감

7) 핵심정서: 성추행 같은 큰 사건조차도 부모로부터 보호받지
   못하고, 성장하면서 보살핌받지 못하면서, 세상을 위험한 곳
   이고 믿기 어려운 곳이라고 생각하지만 동시에 스스로를 보
   호하는 자아의 힘은 없다고 생각되어 의존과 분노, 바람과
   좌절 간의 갈등을 겪고 있다.

8) 핵심정서: 내담자는 자신을 제대로 보호하고 돌봐주지 못한
   부모에 대한 분노를 자신을 이용한 남자친구에게로 전이시
   키고 있다.

9) 핵심정서: 자신을 이용하기만 하고 버리는 남자친구에 대한 분노와 억울함 등과 복합적으로 작용하고 있다.

10) 자신에 대한 환멸과 동시에 남자친구에 대한 모욕감, 배신감, 분노를 경험하지만 한 번도 자기주장을 제대로 해오지 못한 내담자는 이를 우울로써 경험하는 것으로 보인다.

5. 객관적 정보: 지능검사를 포함한 심리검사 결과 및 진단, 성적, 휴학 여부, 이수한 학기 수 등 포함

－**가점기준: 가상사례의 내용에 비추어 타당한 내용일 경우에 가점.**

1) 대학교 4학년 여학생

2) 학점 2.5점

3) 과외 2개, 학원, 스터디 등 기본적인 학습활동을 하고 있음.

B 문제와 관련된 역사적 배경

－**가족**과 관련된 내용이 중심인 경우 → **6. 내담자의 발달적 역사로**

－**"성추행사건"** 관련 무력감 등의 내용이 중심인 경우 → **7. 문제의 기원**으로

－기타 초등학교 때의 왕따 경험 등 가족, 성추행 이외의 것들→ **8. 과거문제력 및 그 당시 환경상황**으로

－과거에 대한 진술이 일부 포함되어 있더라도 현재 민석과의 관계에 준 영향으로 기술되어 있고 진술의 중심이 현재 문제에 있을 경우에는 **4번, 핵심문제**로 평정한다.

6. 내담자의 발달적 역사: 가정환경, 가족 역사 등 내담자의 문제와 관련된 발달 및 역사적 배경

- **가점기준: 단순히 가상사례에 있는 내용을 나열하는 차원이 아닌, 가족의 특징과 그 영향 혹은 결과에 대한 설명까지 포함되어 있을 경우에만 가점.**

  1) 열심히 살아왔지만 피해의식이 많고 성공에 대한 욕구를 공부 잘하는 딸에게 투사하고 있는 아버지와 모성애보다는 자기중심적이고 여리기만 한 엄마가 부부갈등을 겪으면서 살아왔고 부모 중 누구에게도 동일시할 모델을 발견하지 못했다.

  2) 부모가 내담자를 적절히 돌봐주지 못하고 긍정적인 자아개념을 형성하는 데도 도움을 주지 못하여 어릴 적부터 낮은 자아개념과 세상과 자신에 대한 부정적인 지각과 불신을 길러 왔다.

  3) 성추행을 당하는 데에도 웃음으로 넘겨버렸던 무지하고, 무관심한 엄마, 초등학교 때 친구관계가 어떠했는지 전혀 관심이 없었던 엄마로부터 전혀 보호받는 느낌을 받고 성장하지 못함.

  4) 아버지는 아버지대로 자기 문제에 많이 빠져 살았고, 어머니는 자기중심적인 사람으로 부모 둘 다로부터 적절한 관심이나 보호를 받지 못한 것으로 보임.

  5) 아무 것도 하지 않아도 무조건적으로 사랑받고 보호받고 보살핌받는 경험을 성장기 동안 가족으로부터 받지 못했음

  6) 성추행 당시 웃음으로 넘겨버렸던 무관심하고 무책임한 엄마의 행동은 이후 자신도 엄마와 같은 방식으로 세상에 대응하도록 영향을 주었을 것이다. 이것은 그동안 내담자가 성장하

는 동안 지속되었던 모습. 이로 인한 자기 존재감 확인 못함

7) 둘째딸에 동생들로 연결되는 샌드위치 신세: 내담자의 자기 무가치감은 초등학교 훨씬 이전부터 시작된 것임. 특별하게 특출하지 않으면 눈에 띌 수 없는 존재. 이때부터 자신에 대한 무가치감, 애정에 대한 갈구가 시작.

7. 문제의 기원: 내담자의 문제 및 증상이 시작된 시점, 문제의 원인이라고 할 수 있는 사건과 그 당시 상황, 문제의 지속 역사, 외상(trauma), 문제와 관련된 최근의 변화 상황 등

－현재 내담자의 중심문제에 영향을 준 구체적인 사건이 기술된 경우에 이 요소로 평정함. 구체적 사건 없이 **일반적인 역사가 기술된 경우는 8번**으로 평정.

－**가점기준: 단순히 가상사례에 있는 내용을 나열하는 차원이 아닌, 그 사건이 준 영향, 결과에 대한 설명까지 포함되어 있는 경우에만 가점.**

1) 초등4학년 때 성추행을 당하고도 부모조차도 그 문제를 해결해 주지 않았음, 가해자는 여전히 잘 살고 있었음: 이런 것들을 보면서 무기력감과 세상에 대한 환멸을 느꼈을 것이다.

2) 초등학교 시절의 성추행 문제: 이후 사춘기 때 심각한 고민이 될 만큼 trauma로 자리잡았다.

3) 성추행 경험 이후 좋든 싫든 성에 일찍 눈을 뜨게 된 내담자는 자위행위를 하게 되고 자위행위로 연결되면서 성적 자극에 대한 쾌감과 죄의식을 함께 느꼈을 것이다.

4) 초등학교 시절 성추행 당시 그 누구도 자신을 보호해 주지 못했던 경험은 이후 민석과의 성관계 패턴에서도 동일한 방

식으로밖에 대응할 수 없도록 했다.

8. 과거 문제력 및 그 당시 환경상황: 문제와 관련된 과거 역사 중 가족 역사 및 환경 이외의 것들, 문제의 지속기간 등

−가점기준: 단순히 가상사례의 내용을 나열하는 차원이 아닌, 당시의 상황이나 사건과 그 영향, 결과에 대한 설명까지 포함되어 있는 경우에만 가점.

1) 초등학교 때 좋아하는 친구에게 너무 의존되어 '부담스러워'서 거절당한 경험 → 대인관계에서의 자신의 무가치함과 낮은 효능감에 영향을 준 사건이었을 것

2) 초등학교 때 외톨이 신세 이후로 외로움에 대한 불안 지속.

3) 중·고등 시기 다소 문제에서 벗어나는 듯했으나, 다른 사람에게 잘해주고 하자는 대로 하는 방식으로 벗어남. 남에게 맞추어주는 것 계속 반복.

4) 다른 사람이 자신을 거절할 것이라는 예기불안은 오래전부터 시작되어 대학생이 된 지금에도 작용. 남자친구와 헤어지는 것에 대한 더 큰 불안 요인으로 작용.

5) 초등학교 때 친구들로부터 완전히 고립됨으로써 또래관계 형성 능력이 완전히 고갈. 모방학습을 체험 못함.

> **C** 문제와 관련된 내담자의 개인적 요인

9. 내담자의 자아개념: 각 측면에서의 내담자의 자기상(이미지), 자존감, 각 측면에서의 정체감(정체성), 자아효능감, 자아개념 등.

－자아개념, 자아존중감 등의 표현과 함께 그 내용이 제시된 경우 인지적 특징 요소가 아닌 자아개념 요소로 평정한다.

－**가점기준: 자아개념의 내용이 제시되어 있고 가상사례의 내용에 비추어 타당한 내용일 경우에 가점.**

1) 나는 인기 없고 여성적 매력이 없는 사람이다(인기 없음, 여성적 매력 없음을 각각 평정). / 외모에 자신이 없다.

2) 영어를 잘 못하며 그 외 학점 등 취직하기에 유리한 조건과 자격을 갖추지 못한 사람이다.

3) 성적(性的)으로만 앞서 있는 음탕한 사람이 아닌가 걱정한다.

4) 나는 세상에 있으나 마나 한 존재라는 자기 무가치감 극심

6) 나는 사랑받을 만한 사람이 아니다.

　　cf) 비슷한 내용이지만 위의 내용이 "나를 아무도 사랑해주지 않을 것이다."라고 기술된 경우에는 인지적 내용으로 보고 11번으로 평정한다.

7) self esteem이 낮고 self efficacy도 낮아서 자신 있게 의욕적으로 문제해결을 위해 노력하기가 어렵다(낮은 self esteem / self efficacy의 2가지로 평정).

8) 외모, 대인관계 등 여러 측면에서 자신에 대한 깊은 열등감이 있다.

9) 성에 대한 이중적 가치관을 보여주는 등으로 보아 내담자는 자신에 대한 정체감이 뚜렷하지 않다.

10) 여성으로서 정체감이 혼란(미약)하여 성관계 통해서만 여성으로서의 자신에 대한 존중감을 느낌

10. 내담자의 통찰 내용과 수준: 내담자가 문제와 자신, 자신을 둘러
싼 인적·물적, 환경적 측면에 대해 가지는 통찰 정도와 그 내용 등.
  - 가점기준: 가상사례의 내용에 비추어 타당한 내용일 경우에 가
    점. 단, 가상사례에 없는 내용이라도 평정자의 판단으로 보아 납
    득할 만한 근거가 제시되어 있으면 가점.
  1) 남자친구의 생활패턴에 맞추어 사느라 자신의 삶을 제대로
     꾸리지 못했으며 현재 자신의 생활을 스스로 통제하지 못하
     고 있음을 안다.
  2) 이제 제대로 알아서 생활해 나가야 함을 안다.
  3) 자기 주관 없이 다른 사람에게 의해 좌우되는 자신의 특성을
     안다.
  4) 다른 사람과 같이 있으면 사회적인 기대 수준에 맞추어 살려
     고 한다는 점 인식
  5) 남자친구에게 의존하고 있는 것이 혼자 남겨짐에 대한 불안
     이라는 것을 안다.

11. 인지적 스타일 및 특징: 내담자에게 특징적이라고 할 수 있는
인지 내용 및 스타일, 인지적 능력 등.
  - 가점기준: 진술한 인지 스타일이나 특징에 대한 근거나 설명이
    제시되어 있으며, 그것이 타당한 경우에만 가점.
  1) 자신의 문제에 대한 통찰이 있는 것으로 보아 인지적 기능은
     정상 혹은 우수
  2) 다른 사람들에게 맞추어주어야 자신을 소속시켜 주고 사랑,
     인정해 줄 거라는 생각을 갖고 있다.
  3) 자기 혼자서는 안 되고 다른 사람이 옆에 있어야만 행복하고

제대로 살 수 있다는 생각을 갖고 있다.

4) 아무도 나를 사랑해주지 않을 것이란 부정적 인지 스타일을
보임.

5) 자신에 대해 긍정적인 것보다는 부정적으로 편향되게 생각하
는 특성을 보임.

6) 결과를 예상하면서도 또다시 같은 패턴으로 남자친구에게 기
대를 함.

7) 누군가에게 소속되고 인정, 칭찬받기만 한다면 무엇이든 내
어주고 희생할 수 있다고 생각. 섹스파트너 역할이라도 하는
것이 증거.

12. 정서적 스타일 및 특징: 생활에서 정서순환의 사이클, 주로 표
현하는 정서의 폭(range), 정서의 적절성, 호소 문제에 대한 내담자의
정서 등

－**가점기준: 진술한 정서적 스타일이나 특징에 대한 근거나 설명이
제시되어 있으며, 그것이 타당한 경우에만 가점. 근거 설명 혹은
종합이 없이 정서의 명칭만 제시된 경우 분류는 하되 점수를 주
지 않는다.**

1) 표현하는 정서의 대부분이 부정적이다(근거 설명 없으나 종
합되어 있으므로 가점).

2) 사랑받고 싶은 욕구가 강하나 충족되지 않음에 대해 큰 좌절
감과 분노, 우울을 느낀다.

3) 감정을 심하게 억압하는 내담자이다. 남자친구에게 많은 화
가 나 있으면서 정확하게 인식하거나 주장하지 못하고 있다.

4) 자신이 어떤 감정을 느끼며 사는 사람인지 잘 인식 못하는

내담자.

5) 내담자는 자신은 아직 의식하지 못하지만 자신을 보호하지 못한 부모에 대한 매우 깊은 분노가 있을 것으로 보이며, 남자친구를 포함하여 자신에게 상처를 준 많은 사람들에게 분노감정을 보일 것으로 추론된다.

13. 신체·생리·행동적 특징: 행동패턴-섭식패턴, 성적 기능, 수면패턴 등 특징적이고 패턴적인 특징 기술의 경우 이에 해당.

-단편적 행동이나 생리가 아니라 **패턴화된 것들을 기술한 경우** 이에 해당하며 단편적이고 1회적인, 한시적인 부분들은 3번. 내담자의 증상으로 평정한다.

-**가점기준: 진술한 특징에 대한 근거나 설명이 있으며, 그것이 타당한 경우에만 가점.**

1) 거의 매주 남자친구의 요구에 의해 성관계를 갖고 있다.

2) 성관계 자체에서가 아니라 함께 함, 칭찬받음에 의해 쾌감을 느낀다.

cf) "**남에게 의존된 삶을 살아와서** 성관계에서도 자신의 쾌감보다는 민석의 칭찬과 인정에 의해 쾌감을 느낀다."라고 종합적으로 기술된 경우에는 "남에게 의존된 삶을 살아왔다"에 중점이 있다고 보아서 〈4번, 핵심문제〉로 평정한다.

3) 마음이 힘들 때 주로 술을 많이 마심

4) 혼자의 힘으로는 생활이 통제가 안 된다.

5) 제대로 챙겨먹지 못한다.

6) 타인들의 지원 혹은 타인이라는 자극이 없이는 자신을 돌보지 않는다.

7) 규칙적 생활, 보건위생 관리 등 기본적인 자기관리가 안 된다.

14. 내담자의 원함(wants): 상담 및 변화에 대한 동기 및 의지, 내담자가 원하는 해결 방향 및 해결 양상 등.

－**가점기준: 가상사례의 내용에 비추어 타당한 내용일 경우에 가점.**

1) 남자친구와의 관계를 잘 정리하고 싶다.
2) 혼자서도 생활을 잘해 나갔으면 좋겠다. / 헤어지고 나서도 잘 지내고 싶다.
3) 적합한 곳에 취직이 되었으면 좋겠다.

D 문제와 관련된 내담자의 외적(상황적) 요인

15. 문제와 관련된 내담자의 현재 생활여건: 거주환경, 여가활동, 재정, 직업, 결혼 상황 등.

－**가점기준: 가상사례의 내용에 비추어 타당한 내용일 경우에 가점.**

1) 혼자서 자취를 하고 있어서 남자친구가 찾아오기 쉽다.
2) 여가에는 주로 혼자서 TV 시청, 음주를 함.
3) 부모의 도움 거의 없이 과외 수입으로 생계를 유지한다.
4) 4학년이 되어 사회에 나가야 하나 준비된 게 없다.
5) 남자친구 포함 4명과의 제한된 대인관계에만 의존하고 있다.

16. 문제를 지속시키는 '상황'적 요인: 문제를 지속, 촉발, 강화시키는 상황적 요인들과 그 근거 등.

－**가점기준: 가상사례의 내용에 비추어 타당한 내용일 경우에 가점.**

1) 혼자 자취하는 생활: 외로움을 가중시키고 남자친구를 계속 찾아올 수 있게 하여 독립적 생활이 안 되는 데 영향을 주고 있다.

2) 취업에 두 번 실패한 것: 더욱 자신을 추스르지 못하고 좌절하게 하고 있다.

E 내담자의 대인관계 특성

- 일반적 대인관계 양상, 대인관계 **패턴 → 17. 내담자의 대인관계 양상**으로
- **남자친구**와 관련된 얘기가 중심인 경우 → **18. 내담자의 문제 영역**으로

17. 내담자의 대인관계 양상: 가족, 친구 등 타인과의 일반화된 관계 패턴(상담자와의 관계 포함), 관계의 지속성 여부, 대인관계 패턴, 대인관계 특성 및 양상에 대한 가치중립적인 기술(記述).
- **가점기준: 진술한 내용에 대한 타당한 근거나 설명이 포함된 경우에만 가점.**

1) 친밀한 관계 결손: 가족, 친구 등 공평하게 서로를 주고받을 수 있는 친밀한 관계가 없다.

2) 일방적인 대인관계: 지나치게 의존하고 매달리고 희생하여 상대방을 부담스럽게 만들고 있다. 당당하게 관계를 만들고 키워나가지 못한다.

3) 수동적인 대인관계: 허전함을 메우기 위해 평등하지 못한 일

방적인 관계라도 수동적으로 이끌려감.

4) one-down의 자신을 낮추는 대등하지 못한(의존적) 대인관계: 다른 사람의 원함에 맞춰주고, 기분 좋게 해주면서 대인관계를 맺는 방식

5) 다른 관계에서와 마찬가지로 상담자에 대해서도 상담자가 자신을 어떻게 볼까 눈치 보는 면이 있음.

6) 대인관계 폭이 좁다(제한적인 대인관계): 관계를 맺어나가는 사람들이 별로 없다.

18. 대인관계 문제 영역: 문제와 관련된 대인관계 영역, 현재 문제가 되고 있는 대인관계 영역 혹은 대상 등.

-가점기준: 여기서는 남자친구와의 관계가 문제 영역이 됨. 남자친구와의 관계가 어떻게 문제가 되는지 진술했거나 진술한 내용에 대한 타당한 근거나 설명이 포함된 경우에만 가점.

1) '남자친구': 내담자의 의존의 대상이면서 내담자에게서 떨어져 나간다고 위협하며 abuse하는 방식으로 문제를 일으키고 있다.

예) **"민석에 대한 피해의식이나 원망도 있지만 허전함을 달래기 위해 단호하게 관계를 끊지 못하고 자신의 생활을 잘 돌보지 못하고 있다"** → 문제와 관련된 민석과의 관계 문제가 진술되었지만 내담자의 정서와 관계 문제, 신체, 생리, 행동적 특징이 종합적으로 관련되어 진술되었으므로 23으로 평정.

"민석과의 관계를 단호하게 끊지 못하고 자신의 생활을 잘 돌보지 못하고 있다" 라고만 진술되었다면 민석과의 관계

때문에 문제가 된다는 진술이므로 18로 평정.

"허전함을 달래기 위해, 좋지 못한 관계이지만 민석과의 관계를 끝내지 못한다."라고 기술되었다면 18로 평정.

"민석이와의 관계에서도 볼 수 있듯이, 내담자는 허전함을 메워주는 관계를 원하여 의존적인 대인관계를 맺는다"라고 진술했다면 민석이 이야기는 예를 든 것이고 의존적인 대인관계 패턴이 중심이므로 17로 평정한다.

F 내담자의 자원 및 취약점

19. 긍정적 상황과 경험 및 강점: 외모, 타인에게 주는 호감도, 상담 약속을 지킴, 성공 경험, 지지적인 경험, 지지적인 대인관계망, 스트레스에 대한 인내력, 스트레스 대처능력, 의사소통 능력, 정서 표현 능력 등.

 -가점기준: 진술한 내용에 대한 타당한 근거나 설명이 포함된 경우에만 가점.

  1) 과외를 하러 다니고 영어 스터디를 하는 등 생존을 위해 반드시 필요한 영역에서 잘 기능하고 있다.

  2) 인지적으로 우수하다는 점과 자신과 자신의 문제에 대해 깊이 생각한다는 점으로 볼 때 많은 이해와 통찰이 가능한 사람이다.

  3) 중, 고등학교 때 리더십을 경험하고 다른 사람들에게 호감을 준 경우가 있었음. 이후 자원으로 활용할 수 있을 것으로 보임.

  4) 남자친구와 안 될 것이라는 점을 인식하고 있는 것으로 보아

현실 검증력이 있다.

5) 공부하는 후배들이 옆으로 이사 와서 함께 공부하기도 하고 심리적으로 의지가 되어 주고 있다.

6) 특별한 관심이 부재한 상태에서 일류대로 올 수 있었던 지적인 능력과 공부할 수 있는 인내력이 있을 것으로 보임. 공부에 대한 성공 경험이 있음.

7) 앞으로 "언니와 함께 살게 되므로" 민석과의 관계에 지나치게 의존한다거나 섹스파트너 역할을 하는 부분은 차단될 수 있을 듯.

20. 내담자의 대처 전략·계획: 내담자가 문제 및 그 해결에 대해 갖는 대처 전략 혹은 대처 계획.

  -가점기준: 가상사례의 내용에 비추어 타당한 내용일 경우에 가점.

  1) 남자친구 없이도 제대로 살아가고자 한다.

  2) 위태로운 남자친구와의 관계를 먼저 정리할 수 있는 대안으로서 "언니와 함께 살기"를 선택.

  3) 남자친구 문제와 별도로 학교공부나 취직 준비를 제대로 해야겠다는 마음

  4) 가까이 사는 후배들과 공부를 시작함

21. 내담자의 부정적 상황과 약점: 고민, 이슈, 문제, 증상, 대인관계 기술 혹은 문제해결 기술 결핍, 향상의 장애 요소 등.

  -외적 상황의 경우는 〈16번, 문제를 지속시키는 상황적 요인〉으로 평정. 기타 요소로 평정할 수 있는 경우에는 16번으로 평정한다. 그 외의 내담자의 내적, 외적 특징 및 여건으로 평정될 수

없는 것들의 경우에 이 요소로 평정한다.

- "신체, 건강, 이미지, 시간 관리 등 각종 자기관리를 잘 못한다. / 이는 self care 능력이 부족하다는 것과 일맥상통한다"의 경우 앞부분은 〈13. 신체, 생리, 행동적 특징〉으로, 뒷부분은 21번으로 평정한다.

- 가점기준: 진술한 내용에 대한 타당한 근거나 설명이 포함된 경우에만 가점.

   1) 대인관계에서 나타나듯이, 적극성, 능동성 없이 주어진 상황을 수동적, 소극적으로 이용하는 면이 있다.

   2) 이성교제 시 필요한 '밀고 당기기'를 못한다. 즉 대인관계 skill이 부족한데 특히 이성관계에서 더욱 약하다.

   3) 독립심이 약하고 의존성이 강하다.

   4) self care 능력 부족

   5) 자신의 장점, 자신만이 가진 고유한 매력 / 스타일을 모르고 있음

   6) 외로움을 견딜 수 있는 심리적 자원이 부족

   7) 자신의 정서를 있는 그대로 자각하고 표현하는 능력 제한적

   8) 스트레스가 있을 때 합리적으로 해결하기보다는 술로 해결

   9) 자신의 외모를 제대로 돌보지 않아 여성으로서의 호감을 보이지 못하고 있음

   10) 대인관계를 스스로 관리해 나갈 수 있는 능력 부족

G **문제에 대한 상담자의 종합적 이해**

- 여러 요인들을 함께 고려하여 그것들의 관련, 상관, 영향 등을 종합적으로 적은 경우에는 G로 분류.

22. 핵심문제에 대한 이론적 설명: 상담자의 이론적 배경에 근거한 문제 전체, 문제의 원인과 과정 등에 대한 '종합적 설명'이 있어야 이 요소로 분류.

- 평정자의 판단에, 어떤 이론에 근거해서 기술한 것이라 판단되 는 수준일 때
- **가점기준: 어떠한 이론적 배경을 근거로 진술되었으며, 그 내용 이 해당이론에 비추어 보아 타당한 경우에만 가점.**
  1) 부모와의 **애착 형성**에 실패, **대상관계 형성**에 실패하여 이후 대인관계에서 신뢰감과 안정감이 없음.(애착이론, 대상관계 이론에 터해 진술한 것으로 추정됨) 내담자에 대한 부모의 구체적인 양육방식이 아직 충분히 드러나지 않았지만 내담 자는 초등학교 시절 성추행당한 경험과 처리문제, 따돌림당 할 정도로 혼자였다는 것을 추론해볼 때 부모로부터 적절한 관심과 보호를 받지 못한 것으로 보인다. 내담자가 둘째딸이 면서 언니와 동생들 사이에 끼여 웬만큼 잘해서는 부모로부 터 관심을 받기 매우 어려운 가족 구도도 한몫을 한 것으로 보인다. (형제순위, 역시 정신역동이론 추정)
  cf) "**BASIC-ID에 따르면 행동문제, 정서문제, 대인관계 문제, 약물 문제가 있다.**"라고 기술된 경우 BASIC-ID에 의한 기술이 되어 있으므로 이 요소로 평정하되 근거자료가 함

께 제시되어 있지 못하므로 점수는 주지 않는다.

23. 내담자와 관련된 요인들에 대한 종합적 이해 및 평가: 문제를 촉발, 강화시키는 요인과 조건, 내담자에 대한 종합적 이해, 내담자 및 내담자 문제에 대한 진단 혹은 평가.

　－문제와 그 원인과의 관계 기술 등 포함. 타당한 근거가 함께 제시되어 있지 않거나 종합적이지는 않더라도 내담자에 대해 진단하거나 평가한 진술은 일단 이 요소로 평정하되 점수는 주지 않는다.

　(예) 내담자는 조울증이라고 볼 수 있다. 조울증이라고 진단하였으므로 평가라고 보고 이 요소로 평정하되 종합적이지 않고 타당한 근거가 제시되어 있지 않으므로 점수는 주지 않는다.

　－**가점기준: 진술한 내용에 대한 타당한 근거나 설명이 포함된 경우에만 가점.**

　1) 자기애적인 엄마, 자기문제로 버거운 아버지의 갈등은 내담자 스스로 세상을 헤쳐 나가야 하는 존재이며 자신은 별 중요한 존재가 아니라는 자기 무가치감을 경험하게 하는 데 중요하게 일조한 요인이었던 것으로 보인다. (발달적 역사－인지, 자아개념 관계)

　2) 경제적인 빈곤과 무관심은 학창시절부터 외톨이로 내담자를 이끌었고, 이는 누군가가 내담자에게 관심을 줄 때 과도하게 그 사람에게 이끌리고 몰입하는 대인관계 패턴의 기본을 이루게 되었다. (발달적 역사－대인관계패턴 관련)

　3) 다행히 공부를 통해 자기 존재감을 부분적으로 경험했으나

뿌리 깊은 자기 무가치감은 대학에 와서도 공부보다는 제한
된 대인관계에 몰입하게 만들었고 특별히 한 남자에게 과도
하게 몰입함으로써 나머지 전 생활에 대한 자기 주도력을
잃게 된 것으로 보인다. (인지, 자아개념 – 대인관계문제 영
역 – 행동 문제 관련)

4) 혼자 자취를 하는 여건, 착취적인 남자친구의 성격, 내담자의
의존적인 성격 등이 문제를 악화시키는 것으로 보인다. 아울
러 혼자 사는 딸에 대한 부모의 적절한 관심의 부재 또한 내
담자의 문제를 악화시키는 요인으로 작용한다. (문제 상황,
대인관계문제 영역, 내담자 성격, 가족환경 등을 문제로 연결)

5) 어릴 때부터 누군가의 기대에 맞춰 주면서 얻는 관계유지로
살아온 패턴이 남자친구에게 전형적으로 나타나고, 그것이
깨어지면서 현재생활의 붕괴, 자존감 하락, 외로움 등을 호소
함(대인관계 패턴 – 대인관계문제 영역 – 행동, 자아개념, 정서
연결)

6) 가족 갈등 상황에서 중재자 역할이 효과를 내면서 자기주장
보다는 사람들 간의 관계유지에 초점을 맞추게 됨(발달적
역사 – 대인관계 패턴 관련)

7) 초등학교에서 왕따를 경험하고, 중학교 때 다른 사람에게 맞
추어주는 것이 효과를 발휘하면서 사람들에게 맞추는 것이
자신에게 좋다는 것을 학습하고 이러한 형태로 대인관계를
맺어 온 것이 내담자의 호소문제인 민석과의 문제도 만들어
내게 된 것 같다.(과거 문제 상황 – 대인관계 패턴 – 호소문제
연결)

8) 자신에 대한 기본적인 신뢰가 부족함으로 인해 다른 사람들

과 친밀한 관계를 만들어 나가는 데에 방해를 받고 있다.
(내담자 특성-대인관계 패턴 연결)

9) 내담자는 어린 시절 보호받지 못한 경험으로 인해 '다른 사
람들로부터 인정받고 소속되어야 행복하며 그렇지 못하게
될 경우를 견딜 수 없다', '내 스스로의 힘으로 나를 보호하
고 주장할 수 없다'는 등 왜곡된 인지를 갖게 되었고 이 때
문에 혼자서 자기를 보호하고 관리할 수 없는 문제를 갖게
되었다.

H 상담 목표 및 계획

- 상담자가 주어로 되어 있더라도 전략으로 평정할 만큼 타당한
근거나 구체적인 개입방법 및 내용이 제시되어 있지 않고 상담
자 주어를 내담자 주어 문장으로 변형하여 목표에 가까운 문장
이 된다면 목표로 평정한다.

 **(예) 이 내담자는 자존감을 키워주어 자신이 누구인지 알게 해주
고/는** 구체적인 방법이나 내용이 없고 내담자를 주어로
하는 문장으로 바꿀 경우에 **'자존감 향상'과 '자신이 누구인
지 안다'**의 두 개의 목표로 판단될 수 있으므로 두 개의 장
기목표로 평정할 수 있다.

- 장기목표와 단기목표가 혼합된 진술은 두 개로 나누어 각각 평
정한다.

 **(예) 내담자의 의존적인 대인관계 패턴을 이해하고 독립적으로
되기는 '의존적인 대인관계 패턴 이해'라는** 과정목표와 **'독**

립적으로 되기'라는 장기목표가 함께 있으므로 각각 평정한다.

- 상담자가 주어가 되고 동시에 그 내용이 목표를 성취하기 위한 세부 방법이라고 판단될 만큼 구체적인 경우에는 목표가 아닌 전략으로 평정한다.

(예) **~에 대한 탐색 or - -에 대해 탐색한다.**

- 상담자가 주어가 될 수 있더라도 방법에 해당하는 내용이 모호하면서 상담자가 아닌 내담자를 주어로 문장을 변형하였을 때 목표로 보는 것이 더 적절하다면 목표로 평정한다.

(예) **자아를 찾을 수 있도록 도와준다.** 전략으로 보기에는 구체적인 방법이 제시되어 있지 않다. 그리고 내담자를 주어로 하여 "자아를 찾는다."로 문장을 바꾸면 목표에 관한 진술에 가까워진다. 이런 경우 최종목표 혹은 과정목표로 평정한다. 이 예의 경우 자아를 찾는 것은 장기목표에 가까우므로 최종목표로 평정한다.

- 목표와 전략 사이에서 판정하기 어려운 간략하거나 모호한 진술은 일단 목표로 평정하고 점수를 주지 않는다.

(예) **진로에 대해 상담한다.** 는 목표 혹은 전략 어느 것으로도 보기 어렵지만 일단 목표로 평정하고 점수를 주지 않는다. 최종목표와 과정목표 간 헷갈리는 진술에 대해서는 상담 진행 중에 더 비중을 두어야 할 것인가 여부를 중심으로 판단한다. 두 가지 모두에 해당하나 상담 종료 후에도 지속적으로 도달을 위해 노력해야 할 규모나 성질의 목표라면 최종목표로 평정한다.

24. **최종목표(혹은 장기적 목표): 상담 종결시점 혹은 그 이후를 시점으로 하는 목표.**

  - **가점기준: 전체 사례개념화 내용(특히 핵심문제 등)과 맥락이 연결되는 최종목표가 진술된 경우에만 가점.**

  1) 남자친구 없이도 혼자 잘 지내기

  2) 독립적으로 되기

  3) 나머지 대학생활 잘 꾸리기

  4) 진로성숙도 증진 / career 관리 효율적으로 하기

  5) 자존감 높이기

  6) 건강한 대인관계 능력 증진

  7) 자아 정체성 형성

25. **과정목표(혹은 단기적 목표): 상담 중에 도달하게 될 목표. 회기 목표, 중간 목표 등 포함.**

  - **가점기준: 전체 사례개념화 내용(특히 최종목표, 내담자 문제 등)과 맥락이 연결되는 과정목표가 진술된 경우에만 가점.**

  1) 남자친구와 무분별한 성관계 중단하기

  2) 자기 돌보기(혹은 관리) 잘하기(규칙적인 식사, 수면, 건강돌보기)

  3) 나머지 대학생활을 위해 수업 잘 들어가기, 취직 준비하기

  4) 가능한 진로 탐색 / 자신의 적성, 흥미 찾기 /

  5) 적절한 분노감정 표현하기 / 공부, 생활관리 등에서 성공 경험하기

  6) 대인관계 skill 습득: 자기주장하기

  7) social network 형성하기: 다른 사람들과 관계 넓히기(언니,

후배로부터 출발, 더……)

8) 의존적인 대인관계패턴을 이해하기 / 자신의 장단점 이해s

9) 바람직한(건강한) 성가치관(정체감) 형성하기

26. 상담 전략: 상담 목표를 얻기 위한 탐색 방향 설정, 초기 상담 계획, 상담유형, 상담 면담의 빈도와 기간, 투약·집단상담 등 병행할 만한 방법 포함.

─가점기준: 사례개념화 내용에 있는 최종 혹은 과정목표와 맥락이 연결되는 내용이 진술된 경우에만 가점.

1) 부모와의 관계가 어떠했는지 구체적으로 탐색하기(자신의 대인관계 패턴의 기원 탐색을 위해)

2) 성추행, 초등학교 때 혼자 지낼 때 등 내담자가 기억하는 의미 있는 체험들에 대한 감정 충분히 탐색하기.

3) 장기적으로는 역동적인 상담이 적합할 듯. 하지만 내담자가 대학 4년생이라는 점, 취직을 앞두고 있는 점 등을 고려해서 단기 전략을 모색해도 좋을 듯. 현실적인 문제에 초점 둘 것

4) 초기에는 내담자가 힘든 얘기 충분히 할 수 있도록 지지적이고 공감적인 분위기 조성. 변화의 의지 짚어주며 할 수 있다는 자신감 주는 것 필요

5) 현재 이성관계에서 자기파괴적인 측면을 보게 하여 무분별하게 자신을 던지는 행동 그치도록 격려

6) 사람들에게 매달리는 것이 어디서 비롯되는지에 대한 이해를 하도록 하고 타인으로 인해서가 아니라 스스로에게서 힘이 나올 수 있다는 점 인식시키기

7) 중, 고 때 반장, 회장했던 체험 충분히 표현하게 하고 자신에

게도 그런 성공 경험이 있다는 것 인식시키고 새로운 시도를 할 수 있는 힘을 얻게 하기

8) 시간이 충분하지 않다면 상담자가 가능한 범위에서 일주일에 2번씩 만나는 것도 권장할 만함.

9) 혼자서 자기 조절하는 것에 대해 구체적으로 목표 정하고 하나씩 목표 달성하는 것 경험하기

10) 진로에 대한 불안이 심할 것으로 보이는 바, 지금 수준에서 내담자가 할 수 있는 대안이 무엇이 있는지 현실적으로 고려하고 준비할 수 있도록 돕기.

11) 상담자-내담자 관계를 통해 건강한 대인관계 모델링.

12) 대인관계 능력 증진을 돕는 집단상담 참여 병행하기.

13) self-help book을 읽도록 하여 통찰을 가속화시킨다.

27. 상담 목표 달성의 장애로 예상되는 요소: 상담 목표 달성에 장애 혹은 장벽으로 상담자가 예상하는 요소 혹은 요인들.

-가점기준: 가상사례의 내용에 비추어 타당한 내용일 경우에 가점.

1) 내담자의 문제는 뿌리 깊은 오래된 문제와 관련된 성격적인 요인이 관계된바, 쉽게 행동변화로 유도되는 데 장애가 있을 것으로 보임.

2) 현재 내담자의 상황이 매우 열악(학점 낮고, 준비한 것 없음)한 관계로 내담자에게 뭔가 시도하는 데 좌절감을 줄 것으로 보임

3) 내담자를 이용하는 남자친구의 행동도 내담자로 하여금 악순환적인 상황을 벗어나게 하는 데 방해가 되고 있는 것으로 보임.

5. 사례개념화 1차 평정용지

평정자료 ID: 평정자:

유목명	사례개념화 요소	해당 없음	해당 있음 0점	1점
현재 문제 및 관련 증상	1. 지금 상담에 오게 된 계기			
	2. 내담자의 구체적 호소들			
	3. 내담자의 증상			
	4. 내담자의 핵심문제 및 핵심 정서			
	5. 객관적 정보			
문제 관련 역사적 배경	6. 내담자의 발달적 역사			
	7. 문제의 기원			
	8. 과거 문제력 및 그 당시 환경상황			
개인적 요인	9. 내담자의 자아개념			
	10. 내담자의 통찰 내용과 수준			
	11. 인지적 스타일 및 특징			
	12. 정서적 스타일 및 특징			
	13. 신체·생리·행동적 특징			
	14. 내담자의 원함(wants)			
외적(상황적) 요인	15. 문제와 관련된 내담자의 현재 생활 여건			
	16. 문제를 지속시키는 상황적 요인			
대인관계 특성	17. 내담자의 대인관계 양상			
	18. 대인관계 문제 영역			
자원 및 취약성	19. 긍정적 상황과 강점			
	20. 내담자의 대처전략			
	21. 부정적 상황과 약점			
종합적 이해	22. 핵심문제에 대한 이론적 설명			
	23. 내담자와 관련된 요인들에 대한 종합적 이해 및 평가			
상담 목표 및 계획	24. 최종목표(혹은 장기목표)			
	25. 과정목표(혹은 단기목표)			
	26. 상담 전략			
	27. 상담 목표 달성의 장애로 예상되는 요소들			

6. 전문가 평정지침

좋은 사례개념화는 내담자와 사례에 대한 이해가 종합적이고도 체계적으로 되어 있어야 할 것이므로, 진술 내용이 내담자의 핵심문제를 중심으로 종합적이고 체계적으로 구성되어 있어야 할 것입니다. 내담자의 핵심문제를 중심으로 한 이론적 설명, 종합적 이해와 평가, 장단기 목표 및 전략 등이 정합성을 가져야 할 것이며, 내담자 및 문제 관련 요인들 역시 백화점식 나열보다는 중심문제로 기인한 작은 문제들과 그 요인으로 명확히 이해가 되어야 할 것이며, 관련 요인들이 내담자 문제에 어떠한 영향을 미치는지, 내담자 요인으로 인해 어떠한 문제나 증상이 나타나고 있는지 그 관계가 명료하게 보여야 할 것입니다. 또한 상담자의 짐작이나 추론이 아니라 사례내용에 근거한 진술이어야 할 것입니다.

매뉴얼의 가점기준에서 이러한 좋은 사례개념화의 기준들을 포괄하고자 노력했지만 0점이냐 1점이냐의 구분으로 사례개념화 내용의 수준을 평정하기에 무리가 있다고 판단됩니다. 따라서 1점을 받은, 즉 기본적으로 그 요소에 해당하는 사례개념화 진술을 하였다고 판단되는 내용들에 대해 아래의 기준에 따라, 빈약하고 비전문적인 진술에서부터 풍부하고 전문적이면서 전체 사례개념화 내용의 체계와 맥락 안에 적합하고 정확한 위치를 갖는 진술내용들까지 3수준으로 분류해 주시면 감사하겠습니다.

사례개념화 내용의 분량과 관계없이, 짧더라도 전체적으로 한 흐름으로 잘 진술되었는지, 전문적으로 진술되었는지에 중점을 두고 평가해주시고 각 요소가 그러한 전체적인 체계 속에 정확히 자리하고 있는지, 그 진술이 전체 사례개념화 내용에 비추어 전문적이고 수준에 있어 우수한지에 근거해서 평가해 주시면 감사하겠습니다.

〈수준 1〉 가점기준에는 맞지만 내용의 질에 있어 빈약한 진술.

〈수준 2〉 가점기준에 맞으며 내용의 질에 있어 풍부한 진술

(예를 들면 23번, 종합적 이해에 해당하는 내용도 여러 가지 사례 개념화 요소들을 종합적으로 연결하고 하나의 종합적 설명으로 도출한 것은 '수준2'가 되겠지만 2~3가지 요소들의 단순 인과관계로 진술한 것에 불과한 경우 '수준1'에 해당)

〈수준 3〉 가점기준에 맞으며 내용의 질에 있어 풍부하며 사례개념 화 전체 내용 맥락과의 정합성이 있으며 전문적인 진술

(내용의 분량과 무관하게 핵심문제 및 내담자 이해에서부터 목표 및 계획까지 전체 사례개념화가 하나의 일관된 흐름으로 정리되면서 전문가적인 정리가 되어 있어 보인다면, 그리고 그 요소가 그러한 틀 속에 적합하게 자리잡고 있다면 수준3으로 평정)

7. 전문가 평정용지

수준1: 가점기준에는 맞지만 내용의 질에 있어 빈약한 진술
수준2: 가점기준에 맞으며 내용의 질에 있어 풍부한 진술
수준3: 가점기준에 맞으며 내용의 질에 있어 풍부하며 사례개념화 전체 내용 맥락과의 정합성이 있으며 전문적인 진술

평정자료 ID:

유목명	사례개념화 요소	해당 (V)	전문가 평정		
			1	2	3
내담자 현재 문제 및 증상	1. 지금 상담에 오게 된 계기				
	2. 내담자의 구체적 호소들				
	3. 내담자의 증상				
	4. 내담자의 핵심문제 및 핵심 정서				
	5. 객관적 정보				
문제관련 역사적 배경	6. 내담자의 발달적 역사				
	7. 문제의 기원				
	8. 과거 문제력 및 그 당시 환경상황				
문제관련 내담자 개인 요인	9. 내담자의 자아개념				
	10. 내담자의 통찰 내용과 수준				
	11. 인지적 스타일 및 특징				
	12. 정서적 스타일 및 특징				
	13. 신체·생리·행동적 특징				
	14. 내담자의 원함(wants)				
문제관련내담자 외적 (상황)요인	15. 문제와 관련된 내담자의 현재 생활 여건				
	16. 문제를 지속시키는 상황적 요인				
내담자의 대인관계 특성	17. 내담자의 대인관계 양상				
	18. 대인관계 문제 영역				
내담자의 자원 및 취약성	19. 긍정적 상황과 강점				
	20. 내담자의 대처전략				
	21. 부정적 상황과 약점				
종합적 이해	22. 핵심문제에 대한 이론적 설명				
	23. 내담자 관련 요인들에 대한 종합 이해 및 평가				
상담 목표 및 계획	24. 최종목표(혹은 장기목표)				
	25. 과정목표(혹은 단기목표)				
	26. 상담 전략				
	27. 상담 목표 달성의 장애로 예상되는 요소들				

·저자·

이윤주
(李玧姝)

·약 력·

서울대학교 사범대학 교육학과 졸업
서울대학교 대학원 교육학 석사(교육상담 전공)
서울대학교 대학원 교육학 박사(교육상담 전공)

전 대구가톨릭대학교 학생상담센터 소장
현 대구가톨릭대학교 교육학과 교수
　한국상담심리학회 대가대분회장
　한국상담학회산하 대구경북상담학회 교육연수담당이사

·주요논저·

「초심상담자를 위한 집단상담기법」(공저)
「죽음학서설」(공저)
「더 좋은 삶」(공저)
「은유와 최면」(공저)
「사례개념화 원리와 실제」(공역)
「건강한 상담자만이 남을 도울 수 있다」(공역)
외 다수

상담사례개념화의 영역과 요소

· 초판 인쇄	2007년 12월 20일
· 초판 발행	2007년 12월 20일
· 지 은 이	이윤주
· 펴 낸 이	채종준
· 펴 낸 곳	한국학술정보㈜
	경기도 파주시 교하읍 문발리 513-5
	파주출판문화정보산업단지
	전화 031) 908-3181(대표) · 팩스 031) 908-3160
	홈페이지 http://www.kstudy.com
	e-mail(출판사업부) publish@kstudy.com
· 등 록	제일산-115호(2000. 6. 19)
· 가 격	10,000원

ISBN 978-89-534-7893-0 93330 (Paper Book)
　　　 978-89-534-7894-7 98330 (e-Book)